As Normas e os Fatos

Adalberto Cardoso e Telma Lage

As Normas
e os Fatos

Desenho e efetividade das instituições de
regulação do mercado de trabalho no Brasil

FGV
EDITORA

ISBN — 978-85-225-0586-9

Copyright © Adalberto Cardoso e Telma Lage

Direitos desta edição reservados à
EDITORA FGV
Praia de Botafogo, 190 — 14º andar
22250-900 — Rio de Janeiro, RJ — Brasil
Tels.: 0800-21-7777 — 21-2559-5543
Fax: 21-2559-5532
e-mail: editora@fgv.br — pedidoseditora@fgv.br
web site: www.editora.fgv.br

Impresso no Brasil / *Printed in Brazil*

Todos os direitos reservados. A reprodução não autorizada desta publicação, no todo ou em parte, constitui violação do copyright (Lei nº 9.610/98).

Os conceitos emitidos neste livro são de inteira responsabilidade dos autores.

1ª edição — 2007

PREPARAÇÃO DE ORIGINAIS: Claudia Santos Gouvêa

EDITORAÇÃO ELETRÔNICA: FA Editoração Eletrônica

REVISÃO: Aleidis de Beltran e Fatima Caroni

CAPA: Studio Creamcrackers

Ficha catalográfica elaborada pela Biblioteca
Mario Henrique Simonsen/FGV

Cardoso, Adalberto Moreira
  As normas e os fatos: desenho e efetividade das instituições de regulação do mercado de trabalho no Brasil / Adalberto Cardoso e Telma Lage. — Rio de Janeiro : Editora FGV, 2007.
  184p.

  Inclui bibliografia.

  1. Direito do trabalho — Brasil. 2. Mercado de trabalho — Brasil. 3. Justiça do trabalho — Brasil. I. Lage, Telma da Graça de Lima. II. Fundação Getulio Vargas. III. Título.

CDD — 341.6981

Sumário

Agradecimentos   7

Introdução   9
   O modelo brasileiro de relações de trabalho   11
   Validade e faticidade   18

1 Estrutura das instituições trabalhistas brasileiras   **27**
   Introdução   27
   Os direitos individuais   28
   Os direitos coletivos   40
   A jurisprudência   51
   Custos legais de cumprir ou não a legislação   54
   Conclusão   61

2 Desenho e desempenho do sistema de vigilância e aplicação das normas trabalhistas   **71**
   Introdução   71
   Brevíssimo histórico   73
   O desenho da inspeção do trabalho   78
   Resultados da inspeção   87
   Conclusão   94

3 Desenho e desempenho da Justiça do Trabalho — **99**
Introdução — 99
Desenho da Justiça do Trabalho — 101
Estrutura e ação da Justiça do Trabalho — 111
Conclusão — 126

4 Instituições e condições de mercado: desenho legal e desempenho real — **131**
A construção civil do Rio de Janeiro — 131
Conclusão — 161

Conclusão — **163**
Uma nota sobre a Emenda Constitucional nº 45 — 167

Referências bibliográficas — **175**

Agradecimentos

Este livro resulta de um projeto comparativo internacional coordenado por Graciela Bensusán, da Universidad Autónoma Metropolitana (UAM), México, e financiado pelo Consejo Nacional de Ciencia y Tecnología (CONACyT) daquele país, pelo Conselho Nacional de Desenvolvimento Científico e Tecnológico (CNPq) e pela Fundação Carlos Chagas Filho de Amparo à Pesquisa do Estado do Rio de Janeiro (Faperj).

Além de Graciela Bensusán, a quem somos especialmente gratos pela coordenação sempre inteligente, aberta e generosa do projeto, agradecemos os comentários de Hector Palomino, Cecília Senen e Rodrigo Figueroa — os demais membros da equipe internacional de pesquisa — e de Michael Piore, Richard Locke, Maria Ester Feres, Mara Hernandez, Claude Triomphe e Judith Tendler, além dos outros participantes de um seminário internacional sobre inspeção do trabalho organizado por Bensusán e Piore no Massachusetts Institute of Technology (MIT) no início de 2005, no qual versão preliminar de parte deste estudo foi apresentada.

Parte deste livro foi escrita durante o pós-doutorado realizado por Adalberto Cardoso no Institute for Employment Research, da Universidade de Warwick, na Inglaterra, entre agosto de 2004 e fevereiro de 2005. Agradecemos os comentários e as sugestões de Peter Elias, Paul Jones, Heike Behle e Robert Lindley, daquela universidade, para a versão anterior do capítulo sobre inspeção do trabalho.

Ludmila Antunes e Angélica Ribeiro de Souza participaram dos momentos iniciais de coleta e sistematização de dados sobre vários dos temas tratados aqui. Arthur Coelho Bezerra, Betina Fresneda, Teresa Cristina Vale, Luciana Souza e Paulo Perissé participaram da pesquisa de campo que resultou no capítulo 4. O levantamento de dados nos arquivos da Justiça do Trabalho do Estado do Rio de Janeiro (sediada em Niterói) foi realizado por Alessandra Braga, Carla Chalreo, Clarissa Gregory, Gustavo da Costa, Luciana Mendes, Priscila Santana e Vanessa

Alves, estudantes de direito da Pontifícia Universidade Católica (PUC-Rio). Um especial agradecimento a Doris Castro Neves, que, com sua habitual generosidade, facilitou nosso acesso a esses arquivos. Nossos agradecimentos também aos advogados e juízes do trabalho, funcionários do Tribunal Superior do Trabalho (TST) em Brasília e do Tribunal Regional do Trabalho do Rio de Janeiro (TRT-RJ), sindicalistas e trabalhadores da construção civil, auditores fiscais do trabalho e pesquisadores do Serviço Brasileiro de Apoio às Micro e Pequenas Empresas (Sebrae), técnicos do Ministério do Trabalho e Emprego (MTE) (com especial destaque para Vera Marina Martins Alves) e da Datamec do Rio de Janeiro (em especial Ricardo Friede, Celso Ícaro e João Bosco Vitral), que gentilmente nos facultaram seu tempo e disposição, sem os quais este trabalho não teria sido possível. Escusado dizer que é dos autores a responsabilidade pelos eventuais equívocos de argumentação.

Introdução

A avaliação do efeito das instituições trabalhistas sobre o funcionamento dos mercados de trabalho e da economia como um todo ganhou importância renovada nos últimos 10 ou 15 anos na América Latina. Uma visão em particular tornou-se hegemônica entre nós, recomendando políticas invariavelmente favoráveis à flexibilização das leis trabalhistas, com o propósito de reativar o crescimento econômico, aumentar a produtividade das empresas e a competitividade dos países latino-americanos e, dessa maneira, facilitar sua adaptação às exigências da globalização. No entanto a experiência indica que os resultados alcançados através dessas políticas foram muito diversos e, em vários casos, distantes dos objetivos originalmente almejados.[1] Além disso, mudanças semelhantes tiveram, muitas vezes, efeitos distintos em cada país e provocaram resultados não antecipados, entre outras razões, por não considerar a natureza complexa das instituições do mercado de trabalho e, também, por não julgar que essas instituições não podem ser analisadas de maneira isolada (descuidando de sua articulação interna, suas funções ambivalentes e os graus reais de cumprimento), sendo o resultado da combinação de um conjunto de fatores históricos e culturais que não se transferem facilmente de um país para outro. Esses fatores quase nunca são considerados na hora de se recomendar políticas uniformes para distintos países.

---

[1] Uma boa revisão crítica da literatura sobre os efeitos da legislação trabalhista nos mercados de trabalho dos países da Organização para a Cooperação e Desenvolvimento Econômico (OCDE) pode ser encontrada em Bertola, Boeri e Cazes (1999), em que se argumenta que a evidência disponível não é suficiente para sustentar a idéia de que mercados de trabalho mais flexíveis são mais eficientes ou mais eqüitativos. Squire e Suthiwart-Narueput (1997) analisam dados de diversos países do Terceiro Mundo para concluir na mesma direção. Um bom estudo sobre os efeitos (nulos) da Constituição de 1988 sobre o mercado de trabalho no Brasil é Barros et al. (1999). Argumentos no sentido contrário podem ser encontrados em Marques e Pagés (1998), Scarpetta (1998) e Heckman e Pagés (2000).

Um dos aspectos centrais, sempre negligenciado pela literatura, a respeito dos efeitos das instituições trabalhistas sobre a eficiência dos mercados de trabalho é o grau de efetividade da legislação existente, isto é, sua vigência real no cotidiano das relações de trabalho.[2] Mesmo estudos mais sofisticados, que levam em conta efeitos de interação entre instituições reguladoras do mercado de trabalho na explicação de sua dinâmica (como os de Belot e Ours, 2001 e 2004), deixam de lado essa questão central que é a obediência ou não à lei. Por outras palavras, o sistema de regulação do trabalho de determinado país pode ser muito detalhado e rígido em termos formais, mas muito flexível na prática, simplesmente porque os empregadores podem escolher não cumprir o que a lei prescreve.

O Brasil, argumentamos aqui, é um desses casos. Mostraremos que o sistema brasileiro de relações de trabalho oferece incentivos importantes para que a legislação trabalhista não seja cumprida, ou que o seja de maneira muito peculiar. Ocorre que uma norma só existe no processo de fazer-se valer. Portanto as instituições responsáveis pela operação do direito do trabalho (como a Justiça do Trabalho) e pela fiscalização de sua aplicação (como a Inspeção do Trabalho, os sindicatos, o Ministério Público e entidades da sociedade civil) são parte daquele mesmo processo pelo qual uma norma trabalhista deixa o papel e ganha "faticidade", ou efetividade no mundo por ela regulado.[3] Pretendemos mostrar que a interação complexa dessas várias instituições configura um ambiente propício à evasão da norma pelos empregadores. Nesse quadro, denunciar a rigidez da legislação, como faz a literatura econômica hegemônica no debate nacional, sem levar em conta o fato de que parte dela simplesmente não é cumprida, é cometer o sério equívoco de tomar o direito pelo mundo, a norma legal pelos fatos.

Para apresentar esse problema mais geral, será preciso, em primeiro lugar, perscrutar a natureza do direito do trabalho no Brasil, isto é, desvendar a *rationale* mais geral que presidiu sua instituição. Em seguida, analisamos as condições de validade desse mesmo direito para os agentes por ele regulados, tendo em vista o fato de que a regulação trabalhista tem caráter distributivo, ao regrar a repartição da riqueza socialmente produzida entre capital, estado e trabalhadores. Esses dois pontos devem ser suficientes para sustentar a idéia de que o mero escrutínio ou exegese do corpo legal é amplamente insuficiente para a compreensão dos processos reais de disputa entre capital e trabalho, justificando o esforço que empreendemos no restante do livro.

---

[2] Exceção a essa regra é Squire e Suthiwart-Narueput (1997). É longa, no Brasil, a discussão em torno da efetividade da lei no cotidiano das relações de trabalho, embora não da perspectiva mencionada, isto é, a eficiência dos mercados de trabalho.
[3] A referência aqui é, obviamente, Habermas (1998).

O modelo brasileiro de relações de trabalho

O modelo brasileiro de relações de trabalho tem sido qualificado, historicamente, como corporativo. E, de fato, a Carta del Lavoro, mãe do corporativismo fascista e totalitário,[4] não apenas inspirou, como teve partes inteiras traduzidas literalmente na legislação sindical e trabalhista plasmada na Constituição de 1937,[5] que fundou o Estado Novo e reiterou a "constitucionalização" do direito do trabalho no Brasil, iniciada pela Constituição de 1934.[6] Ambas, portanto, sob Getúlio Vargas. É inegável, também, que o pensamento corporativista era uma das traves mestras de todo o empreendimento revolucionário de 1930, como demonstrou Werneck Vianna (1999) e como defendia, reiterada e ardorosamente, um de seus ideólogos mais expoentes, Francisco José de Oliveira Vianna.[7]

A correta identificação do corte corporativista da ideologia e da legislação produzida durante os anos 1930-45, porém, não é suficiente para sustentar o argumento de que o corporativismo teve vigência no país por todo o período e mesmo depois da queda de Vargas. Para aceitar tal argumento seria necessário esposar uma definição muito fraca de corporativismo, restrita aos regulamentos ou à ideologia e cega em relação ao mundo sobre o qual eles legislavam ou ao qual davam sentido. Parece mais plausível assumir que a ordem corporativa, com algumas exceções importantes, jamais foi unívoca. Ela variou de intensidade e conteúdo em momentos diferentes do pós-1930.

Tomada em sentido forte, isto é, tal como constitucionalizada na Itália fascista e seus congêneres mais próximos, o franquismo espanhol e o salazarismo português, a ordem corporativa "não foi", com certeza, um desenho estável ou

---

[4] Cabe notar que o fascismo cativou militantes de esquerda e de direita nos anos 30 do século passado e sua versão totalitária não era "necessária". Lembre-se, a respeito, do debate entre Gramsci e Ugo Spirito, em que o primeiro critica as posições do segundo relativas ao possível caráter libertador do corporativismo (Gramsci, 2000:336 e segs.).
[5] Como bem mostrou, de forma sistemática, Moraes Filho (1952).
[6] Nascimento (1998:50, nota 1) enumera a seguinte cronologia da constitucionalização do direito do trabalho no ocidente: México, 1917; Rússia, 1918; Alemanha, 1919; Iugoslávia, 1921; Áustria, 1925; Espanha, 1931; Peru, 1933; Brasil, 1934; Uruguai, 1934; Bolívia, 1938; e Portugal, 1975.
[7] Por exemplo, em Vianna (1939 e 1951). É inegável que Oliveira Vianna influenciou as concepções dos mais importantes nomes do regime varguista, entre eles Francisco Campos, o ministro da Justiça que elaborou a Constituição de 1937. Campos, como Oliveira Vianna, sustenta que os resultados lógicos do Estado Liberal são o comunismo e a desordem, daí a necessidade do Estado Corporativo (Campos, 1940). Os dois divergiam, porém, quanto à necessidade de um "Estado integral ou totalitário", defendido por Campos (1940:90). Para Oliveira Vianna, caberia ao Estado fazer dos sindicatos espécies de conselhos deliberativos voltados à participação direta dos trabalhadores, sem a necessidade de representantes parlamentares ou de partidos políticos. Os sindicatos seriam, no estado corporativo, o lugar da democracia direta (Vianna, 1939:213-216).

coerente no primeiro período Vargas. Por um lado, os aspectos repressivos e totalitários do fascismo operaram com força num período muito curto. Por outro lado, o projeto comunitarista de Oliveira Vianna, consubstanciado num corporativismo doutrinário de caráter societal, autoritário mas não necessariamente totalitário, no qual os sindicatos operariam como canal de deliberação e participação popular e empresarial, influenciando diretamente a formulação de políticas públicas segundo o interesse das classes econômicas, vertidas por esse mecanismo em esteios da ordem social mais geral, esse projeto, em suma, da sociedade como um corpo funcionalmente integrado pelo interesse privado tornado interesse público, comunitário, jamais se efetivou. Esbarrou em vários obstáculos. A Constituição de 1934 liberou a organização sindical, ainda que lei complementar no mesmo ano a subordinasse ao Ministério do Trabalho e Emprego (MTE) em moldes que anteciparam o que se consolidaria em 1939.[8] A representação classista no legislativo vigorou na Constituinte de 1934, mas a possibilidade de sua reprodução no futuro morreu com a revolta da Aliança Nacional Libertadora, em 1935. O ímpeto repressivo do Estado Novo consumou o movimento, iniciado após a revolta, de perseguição, prisão e desorganização da militância ligada a Luís Carlos Prestes, repressão que lançaria os sindicatos a uma esquina obscura da ordem estatal estado-novista até pelo menos 1939, recusando-lhes, pois, a tarefa que lhes atribuía Oliveira Vianna. O processo de representação classista em conselhos de Estado excluía, quase sempre, os trabalhadores, e, quando os incluía, era por meio da cooptação ou da imposição, jamais da "participação direta". A relação das classes com o Estado, pois, não tinha caráter corporativo em sentido forte. Tinha, sim, um desenho legal corporativo utilizado, única e simplesmente, para repressão e controle dos trabalhadores, como insistiu Werneck Vianna (1999).

No âmbito da representação de interesses, a ordem corporativa também teve densidade e conseqüência (isto é, sentido forte) em momentos bem demarcados. Se todo associacionismo era regulado e garantido pelo Estado pelo menos desde 1934, os controles legais ganharam caráter sistemático apenas com a lei sindical de 1939,[9] que visava preparar o terreno para a consolidação da "superestrutura corporativa" no âmbito do Estado.[10] Através de controles estritos sobre os mecanismos de seleção e reprodução das elites sindicais (inclusive sua educação e treinamento), bem

---

[8] Almeida (1978:211).
[9] Mas não há como discordar do consenso na literatura, de Evaristo Moraes Filho (em 1952) a John French (em 2004), em torno do fato de que o Estado Novo, para os trabalhadores, teve início já em 1935, a pretexto da repressão à militância comunista.
[10] Termo utilizado em um boletim do Ministério do Trabalho citado por Werneck Vianna (1999:279) para justificar a outorga da lei sindical.

como de sua atividade cotidiana, o Estado Novo converteu a ação sindical em questão de Estado e os dirigentes, em parte da elite estatal, financiada, depois de 1940, por um imposto sobre a renda dos trabalhadores, mecanismo-padrão de financiamento do poder público. Isso conferiu um caráter público aos conflitos localizados entre capital e trabalho, ao mesmo tempo em que se reafirmava uma autoridade pública capaz de incorporar em sua matriz regulatória as energias de outro modo turbulentas do mercado de trabalho. O termo "interesse" perdeu seu caráter privado, e só era legítimo se e enquanto subsumido ao interesse geral pelo desenvolvimento com paz social. A ordem corporativa, presente sobretudo nos regulamentos e no ideário de legitimação do regime antes de 1939, aperfeiçoou-se sobremaneira ao tornar-se repressiva e com vocação totalitária entre esse ano e 1943.

É esse o período nitidamente corporativista (em sentido forte) das relações de trabalho sob Vargas. Nesse pequeno interregno, o Estado não era propriamente o árbitro do conflito entre as partes, posto que esse conflito era simplesmente tido como ilegítimo ou, para muitos e certamente no discurso do ditador, inexistente. O Estado tampouco era o canal de expressão do interesse privado, porque a idéia de interesse privado era alheia ao programa comunitarista típico do corporativismo, segundo o qual o Estado incorpora uma vontade geral descolada daqueles interesses, formulada no interior do próprio aparelho de Estado e adjudicada aos agentes privados, obrigados, assim, a esposar uma razão pública. Por outras palavras, o Estado, por meio tanto de sua burocracia repressiva quanto da legislação social e trabalhista, "era o lugar" da formulação do interesse coletivo, em especial dos trabalhadores. A legislação social e trabalhista era, na ideologia estado-novista, precisamente isso: a objetivação da clarividência do Estado relativamente à vontade geral, incapaz ela mesma de expressar-se senão na linguagem menor e conflituosa do interesse privado. Tinha, pois, estatuto de direito público, e não é outra a essência do corporativismo fascista.

Neste sentido, enquanto controlava o associacionismo e instituía crescentes instrumentos de regulação do mercado de trabalho e de intermediação do conflito que lhe é próprio, para negá-lo, Vargas na verdade retirava do mercado e de seus mecanismos "naturais" de representação de interesses qualquer papel distributivo, por um lado, e qualquer ímpeto instituidor de normas convencionais, por outro.[11] O lugar por excelência de formulação das normas e regras de uso do trabalho (legislação trabalhista), bem como das normas e regras da distribuição do fruto do trabalho (legislação social), era o Estado. A contrapartida,

---

[11] Não cabe aqui discutir se e quanto da legislação varguista foi ou não uma dádiva a uma classe operária amorfa. Remeto o leitor a French (2004), que desfaz muitos mal-entendidos ainda presentes no debate a respeito do mito da dádiva e seu correlato, a artificialidade da regulação varguista.

porém, era a repressão ao movimento sindical. Logo, mesmo então, tratou-se de corporativismo maneta, porque fechado à voz dos trabalhadores nos mecanismos decisórios do aparelho de Estado.

Tal forma de abordagem denota uma separação analítica de mecanismos que, na prática, operavam em conjunto para negar aos agentes privados o poder de produzir regulação do mercado de trabalho e fazê-la valer. De um lado havia o aparato repressivo e controlador do Executivo, e que incluía o MTE tanto quanto as polícias estaduais e o Exército nacional. Esse aparato assegurou, com toda intensidade nesse pequeno período, a voz uníssona do Estado como formulador do interesse nacional pelo desenvolvimento com paz social. De outro lado tínhamos o Poder Judiciário, anteparo último, lugar de operação do direito que o Executivo federal consolidava de forma autoritária, ainda que de modo algum impermeável às pressões do poder econômico e, por isso mesmo, destinado ao mesmo tempo a conceder em parte e a reprimir bastante as demandas emergentes do operariado em crescimento (Dean, 1971:239-248).

O quase-totalitarismo estado-novista produziu uma miragem: as relações de classe não pareciam ser apenas vazadas ou mediadas pelo direito do trabalho. Elas pareciam ser *constituídas* por ele, já que fora das normas não podia haver vida sindical ou interesse privado.[12] Mais do que regulatório, o direito totalitário de tipo corporativista pareceu dar forma a coisas no mundo, coisas que antes não estavam ali ou que estavam de uma maneira que o direito, ao acompanhar-se da repressão totalitária, teria liquidado. Não por acaso as estatísticas sobre número de sindicatos existentes no Brasil são zeradas em julho de 1939, quando da edição do Decreto-Lei nº 1.402, a lei sindical. A partir de então, o MTE só reconhecia a existência dos sindicatos que se enquadrassem na nova regulamentação. Tudo o que existia antes, como passou a só poder existir em acordo com o direito, tornou-se não apenas um não-ser jurídico, como também uma espécie de realidade virtual, corpos etéreos à espera de consubstanciação via reconhecimento pelo MTE. Essa é uma das razões pelas quais o Estado de índole totalitária imaginou estar dando corpo ao social, atuando sobre um mundo amorfo, carente de traves e pilares.[13] É por essa razão também que a ideologia da dádiva pareceu aos agentes do poder, artífices da ordem corporativa, mais do que ideologia.[14]

---

[12] Conforme afirmou John French, "ao colocar excessiva ênfase nas aspirações grandiosas e na ideologia totalitária do regime [varguista], tanto os defensores quanto os adversários do sistema sindical corporativista brasileiro continuaram adotando os pressupostos particularmente errados de que a lei equivale à realidade, de que as intenções equivalem aos resultados e de que retórica equivale à essência" (French, 1995:77).
[13] A defesa mais incisiva dessa interpretação está em Oliveira Vianna (1922).
[14] Referimo-nos à idéia de que os direitos sociais e trabalhistas foram uma dádiva do ditador Vargas. A primeira crítica cabal ao mito foi formulada por Moraes Filho (1952).

Importante marcar que essa ordem combinava, de forma surpreendentemente não contraditória, repressão à cidadania e instituição de direitos de cidadania, restrita, no caso dos trabalhadores, aos que tinham um ofício reconhecido pelo Estado. Esses direitos tinham, já no berço, sua corte especial, cujo embrião foram as comissões mistas de conciliação criadas por decreto em maio de 1932. Tais comissões conciliavam em primeira instância os conflitos trabalhistas e tinham o poder de arbitrar seu desfecho. Porém, no caso de discordância das partes quanto ao resultado, cabia recurso ao MTE, que nomeava uma comissão para julgar o dissídio. A Constituição de 1934 consolida esse sistema conferindo-lhe caráter judicial, mas é apenas em 1946 que a já organizada Justiça do Trabalho torna-se parte do Poder Judiciário e destino quase obrigatório do dissídio entre as classes, dissídio desde logo visto como ilegítimo, posto que expressão de interesses particularistas. A Justiça do Trabalho e o direito por ela operado talvez sejam o arranjo mais permanente e consistente da regulação varguista, sobrevivente à perda de vigência real dos regulamentos corporativistas no cotidiano das relações entre classes e dessas com o Estado no correr das décadas seguintes.

De fato, se a vigência efetiva (a faticidade) da maioria dos instrumentos regulatórios da ordem corporativa deve ser nuançada e qualificada segundo as conjunturas, sobretudo no que respeita à participação dos representantes de interesses na formulação de políticas públicas, há pelo menos dois aspectos permanentes que não podem ser negligenciados: de um lado, o viés autoritário da regulação do associacionismo dos trabalhadores, elemento mais conspícuo da confusão conceitual corporativista; de outro lado, a legislação sobre o mercado de trabalho, que subtrai aos sindicatos a tarefa de negociar aspectos essenciais do cotidiano do trabalho. Jornada de trabalho, proibição do trabalho de menores, proteção da mulher, idades mínima e máxima para entrar e sair do mercado de trabalho e salário mínimo são apenas alguns dos muitos temas objeto de determinação legal e, por isso, passíveis de tutela jurisdicional — recurso ao Poder Judiciário — por parte dos trabalhadores, recurso sustentado por outros centros do direito no aparelho de Estado, entre os quais o Ministério Público do Trabalho (MPT) e o MTE, pela fiscalização.

Esse rápido quadro permite uma asserção provisória: o corporativismo, com exceção talvez de seu momento mais sistemático (1939-43), teve consistência frágil no Brasil. A ideologia corporativista embalou empresários, Igreja, juristas, administradores públicos, trabalhadores de esquerda e de direita e tantos outros agentes no pós-1930, mas serviu de fato para legitimar a repressão ao associacionismo autônomo dos trabalhadores. O corporativismo vinculava "os sindicatos" ao Estado para controlá-los, e, por essa via, os trabalhadores representados por eles, que, ao serem enquadrados nas categorias profissionais oficialmente reconhecidas, ganhavam formalmente acesso aos direitos trabalhistas e sociais. Contudo, como a estrutura sindical impedia que os sindicatos organizassem os trabalhadores nos locais de trabalho, e como a inspeção do trabalho foi sempre muito precária, uma proporção expressiva dos trabalhadores continuava vendendo sua força de trabalho num mercado muito pouco regulado na prática, porque os empresários operavam na estrita ilegalidade, ou seja, o Estado agiu quase sempre para fazer valer o direito sindical, mas quase nunca para fazer valer o direito trabalhista,[15] ambos parte do mesmo corpo legal, a Consolidação das Leis Trabalhistas (CLT).

Ainda assim, a legislação trabalhista e os órgãos que a fazem cumprir são a herança mais permanente do varguismo, como argumentou Noronha (2000). É essa herança que configura o modelo brasileiro de relações de trabalho como "legislado", e não contratual.[16] Nele, o direito é mediador irrenunciável das disputas entre capital e trabalho, e é nessa condição que sua natureza merece um escrutínio mais detido.

Como ramo do direito privado, a regulação do contrato de trabalho tem sua origem histórica na tradição romana individualista, que fazia repousar a relação contratual na órbita do direito das obrigações, dos contratos de aluguel, sendo, portanto, acolhido no Código Civil dos países ocidentais até fins do século XIX.[17] Contudo, o fato de o trabalho mobilizar "a pessoa" do trabalhador introduz uma ambigüidade importante na relação de trabalho que o Código Civil não pode amparar: o contrato de trabalho é de prestação de serviços por alguém que é proprietário da capacidade de trabalho. Mas ocorre dessa capacidade emanar de um corpo ele mesmo inalienável. É o que Supiot (1994) resume na idéia de uma antinomia entre o patrimonialismo (jurídico) do trabalho, consubstanciada no contrato de aluguel, e o suprapatrimonialismo (jurídico) do corpo do trabalhador. O "objeto" do direito do trabalho, então, em lugar do serviço prestado ou do contrato de trabalho, não pode ser outro senão "a pessoa" do trabalhador, já que ela não pode ser separada da capacidade de desempenhar tarefas em nome de outrem.[18]

---

[15] A esse respeito, ver French (2004).
[16] Esse conceito recebeu elaboração interessante em Jeammaud (1980) em referência ao caso francês, em que a produção das regras e normas de uso do trabalho, bem como a regulação da negociação entre capital e trabalho, ocorrem preferencialmente no nível da legislação federal, sendo, portanto, produzida no Parlamento, e não em mecanismos composicionais.
[17] No Brasil o Código Civil de 1916 repercute essa idéia romana do contrato de trabalho como um contrato privado de aluguel de serviços, idéia que, a essa altura, já tinha deixado de orientar o direito do trabalho na Europa (Siqueira Neto, 1996:197).
[18] Ver também Polanyi (1944).

Tal ambigüidade foi resolvida no direito ocidental do trabalho através da síntese, algo antinômica, da tradição romana com a tradição germânica, originária das corporações de ofício e de viés de comunitarismo, segundo a qual a fonte verdadeira da relação jurídica de trabalho é a pertença da pessoa a uma comunidade de trabalho, ou seja, a empresa. Porque o direito do trabalho confere ao trabalhador assalariado o estatuto de membro dessa comunidade, o trabalhador encontra-se "numa posição estatutária, e não contratual. Esse estatuto confere um conjunto de direitos e obrigações, cuja vigência depende da posição que o trabalhador ocupa na comunidade [de trabalho]" (Supiot, 1994:18). Nessas condições, a cultura germânica coloca a relação de trabalho na órbita "do estatuto das pessoas". Por outros termos, em lugar de uma relação entre homens e coisas que torna possível a troca de um trabalho assim objetivado por um salário, o direito do trabalho de inspiração germânica regula "relações entre pessoas". Isso implica deslocar a análise da relação de trabalho para além do direito das obrigações, isto é, abandonar o contrato em favor do estatuto.

Note-se que se está referindo à combinação de tradições, não à substituição de uma pela outra ou à passagem de um modelo a outro na história. Como bem marca Supiot (1994:27 e segs.), um acordo inicial voluntário é necessário à constituição de uma relação de trabalho assalariada. Mas a permanência dessa noção no direito do trabalho só é possível por meio de uma completa revisão da noção tradicional do contrato como aluguel de serviços, fazendo-o referir-se à pessoa que presta os serviços. Assim como o brasileiro, os direitos mexicano, venezuelano e argentino, e aquele dos outros países latinos da Europa, como Itália, Portugal e Espanha, têm a mesma característica, ser legislado.[19]

É justamente a centralidade da lei no modelo brasileiro que torna relevante o estudo do desenho legal e do funcionamento real das instituições do mercado de trabalho. Se, como já se disse, uma norma legal só existe de fato, só faz sentido sociológico se tem efetividade no mundo, então, "nos modelos legislados o problema da validade e da faticidade da norma jurídica é central", porque esses dois momentos de sua existência esquadrinham o próprio horizonte de possibilidades das relações de trabalho. A validade da norma jurídica tem a ver sobretudo com os procedimentos decorrentes de sua produção e interpretação (papel dos órgãos legislativos, da administração, dos tribunais),[20] enquanto a faticidade,[21] com al-

---

[19] Como o demonstram Supiot (1998) e Romita (1993).
[20] Para uma análise sobre o problema da validade da norma jurídica em democracias e o papel dos juízes em sua determinação, ver, entre outros, Dworkin (1999, caps. 2 e 3), que Werneck Vianna et al. (1999) classificam de visão substancialista do direito, pragmática no que respeita à sua validação. Em oposição estaria Habermas (1998), procedimentalista e adepto da idéia do cidadão como autor do direito.
[21] No que se segue utilizamos alternativamente faticidade, legitimidade e efetividade da norma, por questões estilísticas.

guma licença nesse momento, pode ser definida como a probabilidade de que ações e expectativas de ação de capital, trabalho e Estado se adequarão à norma. A validade é um problema, por assim dizer, da filosofia do direito, enquanto a faticidade o é da sociologia do direito.[22] É este último aspecto que nos interessa aqui.

Validade e faticidade

Antes de mais nada deve ficar claro que "é da natureza" do direito do trabalho, de caráter intrinsecamente distributivo, ser constantemente testado pelos agentes de produção, capital e trabalho, em sua luta pela apropriação da riqueza socialmente produzida. Essa é uma afirmação banal, mas é em suas conseqüências que estamos interessados, já que delas decorrem, precisamente, os problemas de legitimidade da norma. A afirmação denota um intrincado ambiente espaço-temporal de disputa, múltiplo em sua distribuição de recursos e nos resultados possíveis das ações normatizadas, ambiente que não é outra coisa senão o rosto contemporâneo da luta de classes. Cremos ser possível afirmar que, se o direito do trabalho é um meio de reduzir a disparidade de poder entre capital e trabalho ao favorecer o último, o problema da obrigação e da legitimidade da norma põe-se sobretudo "para o capitalista", que tem parte importante de sua liberdade de empresa definida "fora do âmbito" da própria empresa.

Entretanto, se aceitarmos, em caráter provisório, que o direito do trabalho define um subsistema de relações sociais modelado por expectativas de ação referenciadas pela própria norma jurídica e sua operação,[23] então, em modelos legislados, a legitimidade da norma trabalhista é aspecto estruturante das ações recíprocas de capital e trabalho. É pelo fato de os trabalhadores terem expectativas normativas quanto à obediência dos capitalistas e vice-versa, expectativas que têm que ser confirmadas a cada momento das relações de classe, que o direito se legitima "como" uma ordem supra-individual de deveres, obrigações e recompensas com vigência real no mundo. A conseqüência lógica é o fato de que a negação sistemática daquelas expectativas normativas quer dizer, ao mesmo tempo, que o direito deixou de estruturar as relações de classe e que a ordem legal perdeu legitimidade.

Definido nesses termos, o problema da validade da lei pode ser empiricamente operacionalizado em dois âmbitos: por um lado, tendo em conta os mecanismos

---

[22] Ver, por exemplo, Luhmann (1985:61 e segs.).
[23] Isto é, expectativas sobre a normatividade tanto das expectativas quanto da ação do outro (Luhmann, 1985:67-68).

de produção do direito; por outro, os de operação do direito. Assim, se o modelo de relações de trabalho é legislado, seria de se esperar que a disputa entre capital e trabalho, ou a luta de classes, ocorresse preferencialmente no Parlamento ou nas agências do Executivo encarregadas de propor projetos de lei. Parlamentares e administradores, de um lado, e grupos de pressão, de outro, analisados enquanto tomam decisões, esgotariam o universo empírico relevante. A análise da produção legislativa em seus vários momentos seria a expressão mais pura da luta democrática de classes, e a legislação resultante, sempre em transformação, refletiria equilíbrios mais ou menos instáveis de poder e distribuiria aos agentes (capital, trabalho e Estado) quinhões da riqueza social.

Mas sabemos que as leis têm que ser aplicadas, e, mesmo que capital e trabalho acolham como válidos tanto os processos decisórios quanto o resultado das deliberações, ainda assim o direito resultante será interpretado nos tribunais, e a jurisprudência, fruto dos mecanismos judiciais de interpretação da norma, é outra maneira crucial de se normatizar. Os tribunais são, então, palco das disputas entre representantes de capital e trabalho pela interpretação da norma legal. São palco da luta de classes tanto quanto o Parlamento, o balcão ministerial ou os restaurantes de Brasília, locais de pressões de toda ordem de agentes interessados.

A idéia da ordem legal trabalhista como um subsistema é útil na compreensão do problema empírico em questão aqui, visto que capital e/ou trabalho podem legitimar os processos legislativos mais gerais no Parlamento, no Executivo ou no Judiciário, mas ter razões para contestar (isto é, não se sentir obrigados pela legislação produzida, vendo-a, por exemplo, como injusta segundo algum critério material ou moral).[24] Podem, ao contrário, reputar ilegítimos os canais legislativos, mas concordar com o resultado geral da ordem jurídica produzida, segundo uma relação também material ou moral com a regra. Essa disjuntiva quer simplesmente dizer que a legitimação dos mecanismos decisórios, isto é, do sistema jurídico-político como um todo, não contamina necessariamente a relação dos indivíduos com o direito daí resultante, e isso tanto mais intensamente quanto mais esse direito regule relações materiais e obrigações, que põem em causa acesso a bens, subordinação pessoal ou dominação de indivíduos ou coletividades por outros indivíduos ou coletividades. Com isso podemos dar um passo empírico mais largo e trazer o problema da validade da lei para o nível micro das relações cotidianas de classe, em que os limites da norma são constantemente testados e sua faticidade, diuturnamente construída.

---

[24] Exemplos salientes são o interesse em manutenção do empreendimento produtivo e a resistência ao trabalho infantil, respectivamente.

O ponto importante a salientar nesse nível micro é o de que direitos consolidados em cartas legais não têm necessariamente que se fazer valer nos tribunais. Sem qualquer menção a processos legislativos ou judiciários, a efetividade da lei pode decorrer, por exemplo, de uma relação instrumental do capitalista com a norma. Ao menos três possibilidades se prestam à reflexão:

- primeiro, pode ser o caso de o capitalista preferir o ordenamento previsível e estável do direito às incertezas do mercado de trabalho, mesmo que aquele ordenamento não seja de seu interesse material imediato e reduza suas possibilidades atuais de lucro. Por esse cálculo, a ausência da norma legal produz um ambiente no qual suas ações encontrarão resistência ou cooperação dos trabalhadores numa medida não inteiramente previsível, ou cuja margem de previsibilidade é larga demais para que se incorra no risco da contratação livre no mercado. Aqui, a alternativa à norma é a contratação, e envolve questões como o poder de cada parte, a conjuntura econômica, a posição de mercado da empresa etc.
- uma segunda forma de relação instrumental do capitalista com o direito é o cálculo estrito de custos e benefícios, de sorte que a obediência à regra atual decorra da percepção de que ela lhe é benéfica por oposição a outra norma qualquer cuja produção não pode controlar. O problema aí são os mecanismos de produção do direito do trabalho (o Parlamento ou o Executivo) e a distribuição de poder entre os agentes legislativos, fora do controle estrito do capitalista individual;
- uma terceira possibilidade é a de que esse empresário julgue a norma benéfica para seu empreendimento, sem remissão a qualquer consideração de caráter temporal ou do ambiente onde atuam os agentes. A norma lhe é benéfica e ponto, de sorte que não apenas é seu interesse segui-la, como ainda mantê-la no tempo.

O importante em relação a esses mecanismos miúdos de efetivação do direito do trabalho é que a mudança da percepção do agente mais forte, o capitalista, tendo em conta o equilíbrio instável desses cenários, pode resultar em burla da norma. Tudo o mais permanecendo constante, sobretudo o poder de pressão dos sindicatos ou do órgão fiscal do Estado, o ponto onde isso passa a ser a opção mais provável é a ameaça à lucratividade da empresa. E pode-se dizer que a obediência interessada dos empresários à lei (isto é, se eles têm a ganhar com sua obediência) é sintoma de que a regra não atende aos interesses do todo ou de parte dos trabalhadores, que, por isso mesmo, tornam-se elemento central de instabilidade do sistema e de "deslegitimação" da ordem legal quando o poder sindical "não" é constante no tempo, como costuma ser o caso.

Mas a relação interessada com a norma não esgota o problema aqui em questão, que é a legitimidade da ordem jurídica para o capitalista no cotidiano das relações de classe. A adesão à regra pode decorrer, também, da adesão prévia a valores últimos baseados em algum critério civilizador (moral). Um deles veria no direito do trabalho uma guarida para os trabalhadores contra as vagas turbulentas do conflito desregrado de interesses e contra as incertezas do mercado de trabalho. Muito além de critérios caritativos, o que está em causa é a adesão capitalista a normas universais de proteção de uma coletividade empiricamente constituída pela história do capitalismo e juridicamente acolhida como tal pela própria norma. Ela ganha, então, caráter estatutário de proteção a indivíduos, que só o são *qua parte* daquela coletividade. Não são poucos os capitalistas que compartilham dessa noção. Outro critério civilizador pode valorizar a "juridificação" da vida cotidiana por si mesma, e o mesmo indivíduo que pára no sinal vermelho e paga seus impostos assina a carteira de seus empregados, porque "é assim que deve ser". Num caso, temos adesão valorativa guiada por um critério estrito de justiça distributiva, enquanto no outro o que está em pauta é uma idéia de boa vida ou bem comum, tributária, nesse caso, da previsibilidade das ações e das interações cotidianas ou simplesmente de uma moralidade de tipo kantiano.

É claro que o tempo pode mudar as percepções dos agentes, e mesmo a adesão a critérios de justiça distributiva pode perder apelo em conjunturas desfavoráveis à sua afirmação prática. A competição capitalista é um desses elementos mutantes que incide poderosamente sobre as convicções dos empresários. Não há convicção última de um capitalista que resista ao diagnóstico de seus diretores executivos de que seguir a regra levará a empresa à falência. É claro, porém, que a conseqüência de tal diagnóstico não tem que ser, necessariamente, a ilegalidade. Na verdade, é mais provável que esse tipo de empresário tente "negociar" com os trabalhadores algum outro expediente para redução de custos, sendo a diminuição de quadros funcionais uma das soluções possíveis.

Não se pode deixar de lado a situação, importante para o argumento geral deste livro, em que os capitalistas sejam "forçados" a seguir a regra, legitimando-a ou não. Um movimento sindical organizado nos locais de trabalho, ou mesmo nas portas da empresa para fora, pode ser o agente dessa coação, operando como injunção institucional que põe em risco real a possibilidade do lucro das empresas via ação coletiva. O novo sindicalismo fez exatamente isso nos anos 1980. Muitos dos "novos direitos" conquistados em convenções coletivas eram, na verdade, a transcrição pura e simples da letra da lei nos acordos entre as partes (Almeida, 1983; Noronha, 1992). Eram, pois, direitos legais tornados convencionais/contratuais por força da ação coletiva.[25] A redundância parecia fazer sentido então, à medida que trazia para o cotidiano das relações de trabalho uma regulação aparentemente distante, operada por uma Justiça do Trabalho da qual os trabalhadores, ainda sob o manto do autoritarismo, desconfiavam. Era como se, trazendo a letra da lei para as convenções, os agentes de capital e trabalho se estivessem afirmando como capazes de pactuar autonomamente as regras de sua convivência. Essa afirmação, é bom marcar, não era meramente ilusória. Ao forçar o cumprimento da norma legal como se fora ela convencional/contratual, os trabalhadores estavam obrigando o empregador ao reconhecimento de direitos cuja burla seria retaliada não na Justiça, mas pela ação coletiva.[26] Esse é um dos principais mecanismos pelos quais a norma deixa o papel para ter vigência no mundo.

Outra injunção importante à evasão da norma pelo capitalista é a fiscalização da aplicação da lei por parte das delegacias regionais do trabalho (DRTs). Nosso direito do trabalho é abrangente e complexo, como já se mencionou. Aspectos salientes da regulação são a medicina e a segurança no trabalho, objetos de normas minuciosas e de uma infinidade de instruções normativas e normas regulamentadoras da Secretaria de Inspeção do Trabalho do MTE, autorizadoras de fiscalização e autuação das empresas irregulares. Outro item importante de fiscalização é a anotação na Carteira de Trabalho e Previdência Social (CTPS), instrumento que abre as portas do direito previdenciário e trabalhista no país. Contudo, tanto quanto o direito do trabalho, as normas referentes à fiscalização têm que ser atualizadas em práticas efetivas de vigilância por parte do MTE, e essa é uma questão sujeita à composição de poder no aparelho de Estado e à legitimação da ordem jurídica herdada pelos grupos atuais no poder.

Finalmente, o ambiente material onde são feitas as escolhas pode impor tantos limites (ou estímulos), que a decisão pela adesão ou não à regra deixa de ser uma conseqüência natural de convicções, interesses ou controles institucionais para tornar-se emanações mais ou menos automáticas de mecanismos estruturais. A disponibilidade atual de renda é um desses mecanismos. Comunidades

---

[25] Em 1994 e 1995, as indústrias metalúrgicas de São Bernardo do Campo e Diadema, capitaneadas pelas montadoras de automóveis, tentaram sem sucesso acordos com o Sindicato dos Metalúrgicos do ABC, visando retirar da convenção coletiva as cláusulas equivalentes a normas da CLT. Essas cláusulas só foram suprimidas nas negociações de 1998 e 1999, quando o sindicato debatia-se com o desemprego e a perda de poder de barganha junto às montadoras. Ver em Cardoso (1995) e nos boletins do Departamento Intersindical de Estatística e Estudos Socioeconômicos (Dieese), vários números para o período 1998/99.

[26] Neste sentido, e como exemplo expoente, é de meados dos anos 1980 o acordo de não-recurso à Justiça do Trabalho firmado entre empresas metalúrgicas e o sindicato de trabalhadores do ABC (Rodrigues, 1999), acordo rompido apenas em 1999 pela Volkswagen (Cardoso, 2003).

pobres o suficiente não permitem sequer aos agentes imaginar alternativas ao trabalho informal, de sorte que a relação com a regra simplesmente "não se põe": nem trabalhadores nem empregadores (se os houver) tornarão a regra jurídica objeto de suas relações recíprocas.

Estas alternativas não esgotam, é claro, as possibilidades de relação dos agentes com o direito do trabalho. Não há nada aqui sobre coordenação da ação em associações profissionais, por exemplo, que obrigue agentes de capital e trabalho a ações contra suas convicções ou interesses em nome de um bem maior (greves gerais por salários que punam trabalhadores mais bem remunerados) ou de cartel (preços de oligopólio que penalizem empresários mais eficientes). Ou sobre ambientes culturais e ideológicos que tornem a relação com a norma automática, seja no sentido de sua negação sistemática, seja no de sua afirmação sobre todas as coisas. Sem espaço para abordar tais questões, o objetivo dessa breve digressão foi sugerir que há um *continuum* de intensidade na relação de capital e trabalho com o direito, com pólos na relação de trabalho inteiramente extrínseca à regulação estatal, de um lado, e na adesão à norma por parte de empresários (digamos) kantianos, de outro. Em algum lugar entre esses pólos encontraremos o capitalista médio e o trabalhador médio, expressões ou personificações de seu lugar na distribuição de recursos materiais e de poder, ambos atuando para fazer valer a norma em seu favor, ou, no caso dos capitalistas, para que a norma não seja aplicada. A diferença entre ambos é que, para evadir-se da norma, basta ao capitalista não assinar a carteira de trabalho de um ou mais de seus funcionários, e esse será um ato administrativo imediato, cujos custos podem ou não lhe ser cobrados num futuro indeterminado. Os trabalhadores, para fazer valer a norma burlada, isto é, para cobrar do capitalista esses custos, dependem de três coisas: sua capacidade de ação coletiva; a ação do órgão fiscal do Estado, do MPT ou da Justiça do Trabalho.

Eis, em poucas palavras, a natureza contemporânea da luta democrática de classes no Brasil.[27] Instâncias regulatórias nas mais variadas repartições estatais; instrumentos de vigilância e punição de empregadores recalcitrantes; ordenamento jurídico de garantia da execução do direito do trabalho; aparelho judiciário de interpretação e operação do direito; MPT; organizações sindicais de trabalhadores; tudo isso tem a função saliente, entre outras, de garantir, em nosso modelo legislado de relações de trabalho, que a lei seja cumprida pelos empregadores. Na verdade, é possível demonstrar, como tem feito a nova historiografia brasileira (e contrariamente ao que John French chama de "consenso corporativista"), que a disputa entre capital e trabalho pela efetivação da legislação trabalhista é constitutiva

---

[27] Para abordagem semelhante para países ocidentais, ver Korpi (1983) e Esping-Andersen (1990).

da própria identidade coletiva dos trabalhadores, bem como de sua consciência de classe ao longo da história.[28] Logo, inquirir sobre o grau de efetividade da lei entre nós, tarefa a que nos propomos aqui, põe em alça de mira os mecanismos pelos quais o mundo do trabalho constrói seus sentidos mais profundos.

Colocada nesses termos, a tarefa da pesquisa que ora trazemos a público atualiza uma agenda de investigação formulada ainda nos anos 1970 por Kenneth Erickson, Patrick Peppe e Hobart Spalding, segundo a qual, "por razões administrativas ou políticas, [as leis trabalhistas na América Latina] são aplicadas sempre seletiva e arbitrariamente. Os cientistas sociais teriam muito a ganhar se perguntassem: que provisões são consistentemente aplicadas ou negligenciadas; o que determina o fato de uma parte específica do código ser ou não reforçada; que circunstâncias econômicas, políticas ou sociais presidem tal seletividade?" (Erickson et al., 1974, apud French, 2004:165, nota 2). Essa agenda ainda está em aberto, e remete diretamente ao problema da efetividade da legislação trabalhista entre nós.

Nas páginas que se seguem, damos alguns passos em direção a esta agenda, inquirindo a relação entre desenho legal e efetividade real das normas trabalhistas no Brasil. No capítulo 1 descrevemos, em linhas gerais, o corpo legal existente em suas duas frontes: o direito individual e o direito coletivo do trabalho. Interessam, sobretudo, seus aspectos mais contestados, os custos de cumpri-los ou não e os limites e oportunidades que oferecem tendo em vista os motivos por que os estatutos foram criados: dar proteção ao trabalhador e, ao mesmo tempo, não oferecer obstáculos à acumulação capitalista. No capítulo 2 avaliamos o sistema de vigilância das normas trabalhistas no Brasil, isto é, a inspeção do trabalho. Mostramos que o sistema oferece fortes incentivos para a fiscalização das empresas de maior porte, deixando de lado as médias e pequenas empresas, nas quais, presumivelmente, a burla da lei é mais saliente. No capítulo 3 analisamos a Justiça do Trabalho, tanto em seu desenho institucional quanto nos resultados do processo trabalhista. Para isso avaliamos o conteúdo de mais de 200 processos colhidos nas varas do Trabalho do Rio de Janeiro, analisados desde a data de entrada no sistema até seu arquivamento final. O objetivo é mensurar se, e até que ponto, a Justiça do Trabalho cumpre suas promessas como guardiã em última instância dos direitos do trabalho. O capítulo 4 apresenta um estudo de caso sobre a construção civil do Rio de Janeiro, no qual procuramos avaliar o impacto real dessas instituições no uso cotidiano da força de trabalho em um dos setores de maior incidência de relações informais e precárias de trabalho no país.

---

[28] Ver Paoli (1988), Gomes (1988), Fortes (1999), Santana (2001), French (2004), Negro (2004), entre outros.

Estamos cientes de que o que aqui se apresenta é ainda limitado e indicativo, e teremos cumprido nossos objetivos se os problemas, resultados e hipóteses levantados em cada capítulo servirem de estímulo a outros pesquisadores, tendo no horizonte a melhor compreensão de nosso padrão de relações de classe, bem como do real funcionamento das instituições que o configuram e constituem de maneira ainda hoje irrenunciável.

1

Estrutura das instituições trabalhistas brasileiras

Introdução

A legislação trabalhista brasileira é detalhista e complexa. Os quase mil artigos da CLT (decreto-lei de 1943), que ainda hoje se constitui no corpo dos direitos trabalhistas, acrescidos de algumas leis e muitas normas regulamentadoras, são testemunhas dessa afirmação. No entanto, e apesar das críticas, a CLT foi recepcionada pelas Constituições Federais que se lhe seguiram (CF/1946, CF/1967 e EC nº 1/1969), processo que culminou com a CF de 1988, que não só recepcionou, mas abriu espaço, em seu Título II — Dos Direitos e Garantias Fundamentais —, para os direitos individuais e coletivos do trabalho. Interessante que os 33 incisos e um parágrafo do art. 7º da CF, que tratam dos direitos individuais, e os oito incisos do art. 8º, que tratam dos direitos coletivos do trabalho, não trouxeram grandes novidades em relação à CLT,[29] mas o fato de estarem lá, em sede constitucional, representou um reforço em sua sustentação, reduzindo (embora não impedindo, como veremos) o escopo da flexibilização ocorrida na década de 1990. Importante registrar que, se de um lado houve ampliação das garantias dos direitos trabalhistas, de outro, a CF de 1988 introduziu o princípio da flexibilização desses direitos, por via da negociação coletiva, em seus pilares mais sensíveis, ou seja, a remuneração e a duração das jornadas. Aqui analisamos os direitos individuais e coletivos vigentes, atentos às mudanças, inclusive emen-

---

[29] Há, sim, uma ampliação do universo de trabalhadores beneficiados pela legislação trabalhista, rurais, avulsos, domésticos, e dos direitos (dilatação do prazo de licença-maternidade de 90 para 120 dias; acréscimo de um terço da remuneração das férias; dobra de 25% para 50% do adicional de horas extras; fixação do prazo de aviso prévio em, no mínimo, 30 dias; redução da duração semanal do trabalho para 44 horas; multiplicação por quatro [de 10% para 40%] da multa sobre o montante do Fundo de Garantia do Tempo de Serviço (FGTS), quando da despedida imotivada; garantia de emprego para gestante e empregado eleito para a Comissão Interna de Prevenção de Acidentes — CIPA.

das constitucionais, que impactam a configuração geral do modelo de regulação do trabalho no país, sem esquecer as mudanças operadas de fato no cotidiano das relações de produção.

Temos em vista os eventuais problemas de desenho do corpo legal em termos de sua efetividade na proteção dos trabalhadores e seu impacto na gestão das empresas em território brasileiro, tal como medidos pelos custos de se cumprir ou não a lei. A caracterização que propomos não é exaustiva, muito menos exegética. Trata-se de uma descrição geral dos principais institutos legais de regulação das relações individuais e coletivas de trabalho que compõem, em sua relação recíproca, um corpo relativamente coerente de normas que, como veremos ao longo deste livro, vem perdendo efetividade como mediador das relações entre capital e trabalho entre nós. Sempre que possível analisaremos também a jurisprudência consolidada no TST, que orienta as decisões das alçadas inferiores. Isso porque, como mencionado na introdução, as normas legais não esgotam o desenho formal do direito do trabalho. Sua interpretação pelos tribunais é parte ativa do processo de efetivação da lei, estando sujeita às mais diversas injunções, algumas propriamente jurisdicionais, outras decorrentes das conjunturas econômica e política. Veremos como a jurisprudência variou ao longo dos anos, mudando o conteúdo de alguns institutos legais importantes.

Os direitos individuais

O direito individual do trabalho define limites e oportunidades abertos a trabalhadores e empregadores quanto à contratação, ao uso cotidiano da força de trabalho e à proteção do emprego, isto é, as regras de despensa. Esses três momentos da relação contratual supõem diferentes graus de proteção à pessoa do trabalhador. As normas de contratação, por exemplo, estabelecem precondições para que a relação contratual se estabeleça validamente e, ao mesmo tempo, fixam seus parâmetros gerais. Assim, no âmbito das precondições, definem a idade mínima para o ingresso no mercado de trabalho (proibindo, por exemplo, o trabalho infantil), proíbem certos tipos de relação "contratual" (como o trabalho escravo), impedem discriminações por gênero, idade, raça, religião e assim por diante. No âmbito dos parâmetros gerais, definem a quais relações de trabalho se aplica a legislação trabalhista (por exemplo, o empregado típico, o rural, o doméstico, o avulso) e os tipos de contrato de trabalho possíveis (por tempo determinado, indeterminado etc.). Tratam também do conteúdo do contrato e estabelecem parâmetros máximos (para a jornada de trabalho) e mínimos no que diz respeito à remuneração, prevendo inclusive adicionais obrigatórios (de insalubridade, de periculosidade, de trabalho noturno, de horas suplementares), quando circunstâncias mais gravosas emergem da relação de trabalho. No primeiro caso, das precondições, a lei delimita o que "não se pode" fazer. No segundo, dos parâmetros gerais, define o que é permitido fazer.

De modo geral, e tendo-se em vista a discussão de Polanyi (1944), pode-se dizer que as regras do primeiro tipo têm por objeto "a proteção da sociedade", posto que impedem que os trabalhadores sejam submetidos a regimes de exploração que, no limite, ponham em risco sua sobrevivência física e sua integridade moral enquanto membros de uma comunidade política que lhes garante direitos de cidadania. São normas, pois, do âmbito dos parâmetros civilizadores que definem as sociedades modernas. No segundo caso, o objeto da proteção é o trabalhador como tal, em vista de certos parâmetros socialmente definidos como algo que podemos chamar "trabalho decente". São âmbitos diversos de regulação e implicam sanções também diversas, que tanto podem ser penais quanto administrativas, como multas, por exemplo. No que se segue analisamos três momentos do direito individual do trabalho no Brasil relativos às normas de contratação, despedida e, no caso das regras de uso do trabalho, à jornada de trabalho, às horas extras e à mobilidade interna de funções. Interessam o desenho legal, seus problemas quanto à relação entre proteção do trabalhador e eficiência econômica e os custos de se cumprir ou não a legislação.

Normas e custos de contratação

"Contrato de trabalho é o acordo, tácito ou expresso, correspondente à relação de emprego", dispõe o art. 442 da CLT. A relação de emprego, espécie de relação de trabalho a que se aplica a legislação trabalhista, por sua vez, tem por sujeitos o empregado, pessoa física que trabalha sob ordens, de maneira não-eventual, e recebendo salários (art. 3º da CLT); e o empregador, que pode ser pessoa física ou jurídica (art. 2º, CLT). Essas definições legais são precisas e se prestam a afastar ambigüidades. Há ainda leis especiais — relativas ao trabalho doméstico, rural, avulso, voluntário, entre outros — que permitem identificar com precisão os contratos de trabalho do ponto de vista estritamente jurídico.

A CLT define um contrato típico de trabalho por tempo indeterminado, ao qual se dirigem as normas trabalhistas em geral. As outras modalidades contratuais contemplam especificidades ou exceções a essas regras gerais. Os direitos básicos relacionados a um contrato típico, além da jornada de trabalho de 44 horas semanais[30] e de, pelo menos, o salário mínimo, são:

- férias anuais de 30 dias, com adicional equivalente a um terço do salário mensal;
- descanso semanal remunerado;
- 13º salário;
- hora extra paga 50% acima do valor da hora normal de trabalho;
- Fundo de Garantia do Tempo de Serviço (FGTS), devido mensalmente pelo empregador e equivalente a 8% do salário mensal do trabalhador.

Nos contratos de trabalho os salários não podem sofrer redução nominal (salvo por acordo ou convenção coletiva), os salários devem ser iguais para funções iguais e os descontos são autorizados por lei.[31] Como os trabalhadores com contratos típicos são representados por sindicatos, a essas normas legais estão associadas, quase sempre, regras convencionais, estipulando pisos salariais maiores que o salário mínimo e outras condições mais favoráveis que o previsto em lei. Anteriormente à CF/88 as convenções e os acordos coletivos só podiam alterar as regras vigentes para favorecer os trabalhadores. Porém, com a adoção do princípio da flexibilização do direito do trabalho, por via de negociação coletiva, normas vigentes podem sofrer alterações que trazem prejuízo a cada trabalhador individualmente considerado — o banco de horas é um exemplo —, mas em troca de vantagens para a coletividade, como estabilidade no emprego.

Além da modalidade típica, que é o contrato de duração indeterminada, a lei admite um conjunto limitado de outras modalidades, como contratos a prazo, vale dizer, contratos de duração determinada previamente. Os "contratos por tempo determinado" podem ocorrer de duas maneiras. De um lado, pela contratação direta entre empregado e empregador; de outro, autorizados por negociação coletiva. Assim, segundo o art. 443 da CLT, empregados podem ser contratados por um tempo determinado de até dois anos. Esse contrato pode ser renovado uma vez, desde que a soma da duração do primeiro mais o segundo não ultrapasse dois anos. Está sujeito a "requisitos legais de validade", como natureza transitória da atividade da empresa; natureza transitória da atividade do empregado; execução de serviços especificados (empreitada). Nesse sentido, o "contrato de safra", do

---

[30] O trabalho noturno tem regulamentação especial quanto a jornada e remuneração, bem como o trabalho em turnos alternados e o insalubre e perigoso. Algumas categorias têm legislação própria, como os bancários, que têm jornada máxima de seis horas diárias.
[31] Entre esses descontos cabe destacar os previdenciários, os devidos a sindicatos e o imposto de renda.

trabalhador rural, previsto na Lei nº 5.889/73, é modalidade de contrato por tempo determinado. Do mesmo modo, o "contrato de experiência", que pode durar até no máximo 90 dias, também é considerado contrato por tempo determinado. A única diferença em relação ao contrato típico é que esses não implicam o pagamento de aviso prévio nem multa de 40% do depósito em FGTS quando de seu término.

A segunda modalidade de contrato por tempo determinado segue os moldes constitucionais de "flexibilização": a Lei nº 9.601/98 admite que empresas regularmente estabelecidas contratem trabalhadores por tempo fixo para aumentar o número médio de empregados, ou seja, não é possível substituir trabalhadores com contratos típicos por trabalhadores por tempo determinado. Esses contratos podem ser prorrogados quantas vezes se queira até o prazo máximo de dois anos. Em relação aos contratos típicos, essa segunda modalidade de contrato por tempo determinado, que, é bom frisar, deve ser negociada com os sindicatos, oferece outras vantagens ao empregador além daquelas resultantes do prazo determinado, como redução do percentual de recolhimento do FGTS de 8% para 2%.[32]

Além desses, outro tipo possível de contrato atípico é o temporário, regulado pela Lei nº 6.019/74, que autoriza as firmas a recorrer a uma empresa de trabalho temporário quando, por "acréscimo extraordinário de serviço" ou "substituição de pessoal permanente", precisam de empregado por pouco tempo. Nesse caso o trabalhador tem vínculo de emprego com a empresa de trabalho temporário, mas presta serviços a outra empresa. Essa prestação de serviços pode durar até 90 dias, prorrogáveis uma vez. Os direitos do trabalhador temporário se equivalem ao do trabalhador permanente, com exceção da despedida.

Esses contratos atípicos, deve-se marcar, estão sujeitos a requisitos de validade. Caso não cumpram os requisitos legais (substituir trabalhador permanente, atender a acréscimo extraordinário de serviços, ser mediado por negociação coletiva etc.), o caráter especial do contrato perde eficácia e ele se torna por tempo indeterminado.

---

[32] Foram reduzidas, ainda, as contribuições ao "sistema S", mas essa norma teve vigência por um período fixo de 60 meses, extinto em 2003. O sistema S compreende o Serviço Social da Indústria (Sesi), o Serviço Social do Comércio (Sesc), o Serviço Social do Transporte (Sest), o Serviço Nacional de Aprendizagem Industrial (Senai), o Serviço Nacional de Aprendizagem Comercial (Senac), o Serviço Nacional de Aprendizagem do Transporte (Senat), o Serviço Brasileiro de Apoio às Micro e Pequenas Empresas (Sebrae). Além desse sistema, os descontos em folha de pagamento, reduzidos à metade pela Lei nº 9.601, incluem o Instituto Nacional de Colonização e Reforma Agrária (Incra) e os salários-educação e para o financiamento do seguro de acidente do trabalho.

Há uma outra modalidade de uso de trabalho de terceiros que não se configura como um contrato de trabalho propriamente dito, mas sim como um contrato de serviços entre trabalhadores e empresas. Trata-se das cooperativas de trabalho, que se tornaram bastante comuns em alguns setores econômicos nos anos 1990, como o têxtil e o de calçados (Lima, 2002). As cooperativas, em tese, são criadas pelos interessados com vistas a reunir os recursos de cada um que, quando combinados, podem potencializar sua capacidade de produção e competição no mercado. As cooperativas existem, pois, para satisfazer os interesses, antes de tudo, de seus membros. Esse caráter, óbvio nas cooperativas clássicas, que colocam produtos no mercado, torna-se menos evidente nas chamadas cooperativas de mão-de-obra, quando o "produto" oferecido no mercado é a própria força de trabalho. Nesses casos as empresas recorrem às cooperativas em busca de terceirização de serviços, mas com o objetivo de evitar os custos da legislação trabalhista. Em muitos casos o falso cooperado é encaminhado à cooperativa pelo provável empregador e nem tem idéia do que significa pertencer a uma cooperativa.[33] Tais distorções fizeram o Judiciário Trabalhista interpretar *cum grano salis* o parágrafo único do art. 442 da CLT, que determina que "qualquer que seja o ramo da sociedade cooperativa, não existe vínculo empregatício entre ela e seus associados, nem entre estes e os tomadores de serviço daquela". A prática judicial consolidada recomenda atenção às falsas cooperativas, reconhecendo, nesse caso, vínculo de emprego diretamente com o tomador.

A jurisprudência trabalhista ocupa-se dos contratos atípicos, sobretudo nas terceirizações, que deixam em dúvida quem é o empregador e responsável pelos créditos trabalhistas. Dois enunciados de súmula[34] demonstram a evolução da jurisprudência. Assim, em 1986, foi editada a Súmula nº 256, do TST, que dizia:

> Salvo nos casos de trabalho temporário e serviço de vigilância, previstos nas Leis nºs 6.019/74 e 7.102/83, é ilegal a contratação de trabalhadores por empresa

---

[33] Esse mecanismo será analisado no estudo de caso da construção civil, no capítulo 4.

[34] Os enunciados de súmula são consolidações da jurisprudência e pretendem dar notícia aos interessados (advogados, sobretudo) de como o tribunal está interpretando e aplicando a lei. Os enunciados de súmula são editados pelos TRTs, de jurisdição coincidente com os estados-membros da Federação; pelas seções desses tribunais (seção de dissídios individuais, seção de dissídios coletivos, por exemplo); e, afinal, pelo colegiado mais amplo do TST, de jurisdição em todo o território nacional. Essas súmulas não possuem efeito vinculante, isto é, não obrigam juízes de instâncias inferiores, mas são importantes sinalizadores, na medida em que "trancam" a possibilidade de recursos quando a decisão recorrida é harmônica com eles. Além disso, o legislador federal (Legislativo ou Executivo) costuma propor mudanças na lei com base na jurisprudência consolidada, seja nas súmulas, seja na prática dos tribunais.

interposta, formando-se o vínculo empregatício diretamente com o tomador dos serviços.

Como se vê, então o Judiciário mostrava-se bastante resistente à terceirização, só admitindo duas hipóteses previstas em lei. Em 1993, a Súmula nº 331 cancelou a anterior e trouxe uma redação extensa, analítica, o que já representa um indicador do aumento das demandas provocadas por terceirização. Essa nova súmula compreende quatro incisos: o inciso I repete quase literalmente o texto do enunciado anterior; o inciso II é referido às pessoas de direito público, governo federal, estadual, municipal, e suas autarquias, que, para contornar a exigência constitucional de concurso público para preenchimento de cargos na administração, recorrem ao expediente da terceirização irregular; o inciso III é a grande novidade: introduz a referência a atividade-fim e atividade-meio da empresa, autorizando a terceirização na atividade-meio; o inciso IV aponta as responsabilidades pelos créditos trabalhistas: há responsabilidade subsidiária entre o empregador (terceirizado) e o tomador dos serviços (empresa principal). Isso quer dizer que, em caso de não-pagamento pela empresa terceirizada, paga a empresa terceirizadora. Essa tem que ter participado do processo judicial, na Justiça do Trabalho.[35] Em 2000, o inciso IV sofreu nova modificação para incluir os empregadores-governo, ou seja, as pessoas de direito público, entre os empregadores subsidiariamente responsáveis pelos créditos trabalhistas.

Assim, se de um lado a jurisprudência trabalhista evoluiu no sentido de se render ao fato da terceirização, por outro se mostrou capaz de vincular a empresa terceirizada (que oferece os serviços) e a tomadora (beneficiária da mão-de-obra) a obrigações subsidiárias quanto aos créditos trabalhistas, que têm efeito imediato em garantir o pagamento do empregado: com isso, aumenta a responsabilidade das empresas, que querem terceirizar, quanto à eleição e à fiscalização de seus parceiros.

---

[35] "I — A contratação de trabalhadores por empresa interposta é ilegal, formando-se o vínculo diretamente com o tomador dos serviços, salvo nos casos de trabalho temporário (Lei nº 6.019/74).
II — A contratação irregular de trabalhador, mediante empresa interposta, não gera vínculo de emprego com os órgãos da administração pública direta, indireta ou fundacional (art. 37, II, CF/88).
III — Não forma vínculo de emprego com o tomador a contratação de serviços de vigilância (Lei nº 7.102/83) e de conservação e limpeza, bem como a de serviços especializados ligados à atividade-meio do tomador, desde que inexistente a pessoalidade e a subordinação direta. IV — O inadimplemento das obrigações trabalhistas, por parte do empregador, implica a responsabilidade subsidiária do tomador dos serviços quanto àquelas obrigações, desde que este tenha participado da relação processual e conste também do título executivo judicial."

Normas e custos de demissão

A demissão — individual ou coletiva — é direito potestativo do empregador. Isso significa que o contrato de trabalho pode ser rompido a qualquer momento, sem necessidade de apontar a causa da demissão. Ao contrário de países como México e Argentina,[36] não há norma específica para despedida coletiva. Para despedir um ou muitos empregados os procedimentos são os mesmos, repetidos para cada trabalhador. De qualquer modo, a despedida imotivada (sem justa causa) exige do empregador:

- aviso prévio de no mínimo 30 dias, em que o trabalhador tem direito a duas horas livres para procurar outro emprego. Normalmente as empresas preferem pagar antecipadamente o mês de aviso prévio em lugar de reter o trabalhador por mais 30 dias;
- pagamento de multa de 40% calculada sobre o montante do FGTS; a partir de 28 de setembro de 2001, o empregador deve ainda uma contribuição social no valor de 10% sobre o montante dos depósitos do FGTS, dinheiro que foi compor um fundo para pagamento de dívidas do FGTS (Lei Complementar nº 110/2001 c/c Decreto nº 3.914/2001);
- são devidos ainda: férias proporcionais ao tempo de emprego, à razão de 1/12 por mês (ou fração superior a 14 dias), acrescidas de um terço; 13º salário proporcional, à razão de 1/12 por mês, ou fração superior a 14 dias;
- o empregador tem, ainda, obrigação de entregar ao empregado documentos para saque do FGTS e para recebimento do seguro-desemprego.

Importante salientar que, se o empregado tem mais de um ano de serviço, a documentação relativa à despedida deve ser examinada pelo sindicato, que homologará o encerramento do contrato se os direitos rescisórios e contratuais forem devidamente pagos.

Alguns trabalhadores têm garantia de estabilidade no emprego, não podendo ser despedidos sem justa causa.[37] As hipóteses de estabilidade legal são:

- dirigente sindical, desde o registro da candidatura até um ano após o final de seu mandato;[38]

---

[36] Para esses casos, ver Bensusán (2005) e Palomino e Senén (2005).
[37] A justa causa é conduta tipificada do empregado (art. 482, CLT) que permite ruptura imediata do contrato de trabalho sem que sejam devidas as indenizações mencionadas.
[38] Constituição Federal (CF), art. 8º, VIII, c/c CLT, art. 543.

- dirigente da Comissão Interna de Prevenção de Acidentes (Cipa), desde a eleição até um ano após o final de seu mandato;[39]
- gestante, desde a confirmação da gravidez até cinco meses após o parto;[40]
- acidentado do trabalho no primeiro ano após volta ao serviço;[41]
- representantes dos empregados nas comissões de conciliação prévia.[42]

Outras hipóteses de estabilidade (geralmente de curta duração) podem estar em convenções ou acordos coletivos de trabalho. Entre as mais importantes encontra-se a estabilidade dos jovens convocados para o serviço militar obrigatório e, quando é o caso, do delegado sindical. É bom destacar que a jurisprudência sobre o assunto considera abusiva a despedida de empregado estável. O dirigente sindical deve ser reintegrado ao serviço, enquanto os demais estáveis — dirigente da Cipa, gestante, acidentado —, se despedidos, podem ser indenizados pelo tempo da estabilidade a que tinham direito.

Jornada de trabalho e mobilidade interna

A jornada de trabalho constitucional no Brasil é de 44 horas semanais distribuídas por seis dias (um dia de descanso semanal é obrigatório), num máximo de oito horas diárias, admitida a compensação semanal. São permitidas até duas horas extras diárias, pagas com acréscimo de 50% sobre a hora normal de trabalho,[43] admitida a compensação semanal. A lei garante, também, intervalo mínimo de 11 horas entre duas jornadas de trabalho, regula o horário para repouso ou alimentação, obrigatório para jornadas superiores a seis horas, entre outras medidas. Contudo a Lei nº 9.601/98 instituiu a compensação anual da jornada, ou o assim chamado "banco de horas", pelo qual empresas e sindicatos de trabalhadores podem acordar mecanismos de adequação das horas totais trabalhadas à flutuação da atividade econômica das empresas.[44] Com isso a jornada semanal pode ultrapassar as 44 horas, desde que seja compensada em algum momento no período de um ano.

---

[39] CF, Atos das Disposições Constitucionais Transitórias, art. 10, II, *a*.
[40] CF, Atos das Disposições Constitucionais Transitórias, art. 10, II, *b*.
[41] Lei nº 8.213/90, art. 118.
[42] CLT, art. 625-B.
[43] Como já se mencionou, algumas categorias têm jornada diferente, fixada em lei, em geral menor do que 44 horas semanais, como os bancários, os petroleiros, os médicos, os artistas, entre outros.
[44] CLT, art. 59, §2º: "Poderá ser dispensado o acréscimo de salário se, por força de acordo ou convenção coletiva de trabalho, o excesso de horas em um dia for compensado pela correspondente diminuição em outro dia, de maneira que não exceda, no período máximo de um ano, a soma das jornadas semanais de trabalho previstas, nem seja ultrapassado o limite máximo de dez horas diárias".

Já a mobilidade interna encontra-se muito pouco regulada por lei. Tradicionalmente o direito do trabalho no Brasil considerou a organização do trabalho uma prerrogativa do empregador, exceto no caso das condições de trabalho que afetem a saúde e a segurança. Há apenas três dispositivos que restringem a mobilidade interna: um que define que, para uma mesma função, deve ser pago o mesmo salário; outro que impede a redução do salário nominal do trabalhador; e o que assevera que, nos contratos individuais de trabalho, só é lícita a alteração das respectivas condições contratuais por mútuo consentimento e desde que não provoque prejuízo direto ou indireto ao empregado. Em tese, os dois primeiros institutos dificultariam o intercâmbio de trabalhadores com salários diferentes entre funções distintas.[45] Contudo a reestruturação produtiva dos anos 1990 teve como um de seus principais alvos a demarcação de tarefas típicas do fordismo, pela qual a cada trabalhador era atribuída uma função específica, muitas vezes consignada no contrato de trabalho. Hoje as empresas adotam denominações genéricas para as funções (como operador de máquinas, montador, assistente geral etc.), o que facilita a mobilidade interna, uma vez que não se configura quebra unilateral de contrato.

Coerência e limites dos direitos individuais

A definição de contrato típico inspira-se, como é evidente, na concepção moderna de relação de trabalho segundo a qual o emprego é visto como uma situação estável, sujeita certamente a intempéries de mercado (como a falência das empresas), mas protegida contra a discricionariedade do empregador. Como bem lembrou Cook (1998), nos países latino-americanos do período de industrialização por substituição de importações, o emprego era visto como "de propriedade do trabalhador". E, de fato, no Brasil, até 1966, a essas regras definidoras de um contrato típico associava-se uma cláusula de estabilidade segundo a qual, depois de 10 anos na mesma empresa, o trabalhador ganhava estabilidade e não podia mais ser demitido senão por falta grave. Esse instituto foi substituído pelo FGTS naquele ano, mas todas as outras proteções foram mantidas, muitas delas ampliadas pela CF/88 (como a remuneração de hora extra e o período de licença-maternidade).

---

[45] Por exemplo, um fresador (tarefa semiqualificada na indústria automobilística) dificilmente poderia exercer a função de um ferramenteiro (tarefa qualificada) em razão da diferença de salários entre as funções. O fresador poderia, depois de 30 dias na função, demandar na Justiça o salário do ferramenteiro. A denominação genérica de funções extingue esse limite.

Do ponto de vista do potencial de proteção ao trabalhador, a legislação é bastante ampla, oferecendo salvaguardas importantes à parte mais fraca da relação de trabalho. Mas não há barreiras à despedida imotivada, senão aquelas relacionadas às indenizações legais, que aumentam na razão direta do tempo de emprego.[46] Talvez o principal problema de desenho decorra do fato de que a legislação não diferencia, em termos de regulação dos contratos de trabalho, pequenas, médias ou grandes empresas. Todos os contratos de trabalho assalariado na economia deveriam reger-se, em tese, pelas mesmas normas. Isso, porém, não acontece. Em 2003, segundo dados da Pesquisa Nacional por Amostra de Domicílios (Pnad), dos 43,08 milhões de trabalhadores assalariados do país (excluídos os domésticos), 32,8% não tinham registro em carteira, não estando desfrutando da legislação vigente. Além disso, 22,3% da população ocupada eram trabalhadores por conta própria, também excluídos da regulação salarial.

A literatura econômica no país costuma atribuir as taxas de ilegalidade e informalidade da relação trabalhista aos altos custos do trabalho, que impediriam, por exemplo, que pequenas empresas com baixa capitalização assumissem esses custos (Pastore, 1997; Amadeo e Camargo, 1996). Segundo essa interpretação, nem mesmo as medidas de flexibilização dos contratos instituídas a partir de 1998, como os contratos especiais por tempo determinado, o banco de horas e a suspensão do contrato para qualificação do trabalhador,[47] atenderiam aos interesses dessas empresas, que continuariam com problemas para sustentar os trabalhadores necessários as suas atividades-fim. Nesse sentido, as medidas de flexibilização do mercado de trabalho tiveram como horizonte apenas os problemas de ajuste estrutural das empresas de maior porte, negligenciando as necessidades das pequenas e médias empresas.

Ainda assim, os contratos atípicos continuam amplamente minoritários no setor formal da economia brasileira. Segundo dados da Relação Anual de Informações Sociais (Rais), dos 42 milhões de vínculos empregatícios estabelecidos ao longo do ano de 2003 (dos quais 30 milhões ainda tinham vigência em dezembro daquele ano), apenas 4,3% eram atípicos (temporários ou por tempo determinado). Além disso, e corroborando a interpretação corrente, quanto maiores as empresas, maior a proporção de vínculos atípicos. Empresas com até 20 empregados tiveram não mais do que 1,5% de seus vínculos classificados como modalidades

---

[46] Voltaremos a isso mais adiante.
[47] O art. 476-A da CLT autoriza a suspensão temporária dos contratos de trabalho por período de dois a cinco meses, no qual o trabalhador recebe uma bolsa do Fundo de Amparo ao Trabalhador (FAT), de valor equivalente ao do seguro-desemprego, para participar de programas de qualificação profissional.

atípicas. Contudo, nas empresas com 250 a 499 empregados, a proporção foi de apenas 7%. Ou seja, nem mesmo para as grandes empresas a flexibilização da legislação afetou de modo decisivo as formas de contratação.

Empresários entrevistados para este trabalho afirmaram que o emprego por tempo determinado é de difícil operacionalização, já que deve atender a requisitos de validade ou ser negociado com os sindicatos. E é grande a percepção, entre eles, de que parte dos trabalhadores submetidos a regimes de trabalho por tempo determinado, uma vez encerrado o contrato, entra na Justiça do Trabalho demandando direitos equivalentes aos dos contratos típicos, tornando incerta a relação de trabalho. Em geral os advogados dos trabalhadores alegam inconstitucionalidade dos contratos; pedem equiparação com base no preceito de que não se podem pagar salários diferentes para a mesma tarefa; argúem a nulidade dos acordos coletivos e assim por diante. A regulação da jornada de trabalho também apresenta problemas, sobretudo depois da instituição do banco de horas. Esse mecanismo visava, conforme a exposição de motivos da lei, tornar mais racional a gestão do uso do trabalho pelas empresas e, ao mesmo tempo, reduzir o emprego de horas extras[48] e, com isso, gerar empregos. Porém é cada vez mais comum as empresas despedirem trabalhadores antes de compensar, monetariamente ou com redução de jornada, as horas excedentes trabalhadas durante os picos de produção. O banco de horas vai compor, então, parte do passivo que o trabalhador buscará recompor na Justiça do Trabalho, o que quase nunca consegue em sua totalidade, já que o desenho do processo de trabalho, como veremos, encaminha os contendores para uma negociação em que o trabalhador é levado a abrir mão de parte de seus direitos. Isso aumentou a área de atritos entre sindicatos e empresas e também entre sindicatos e trabalhadores, já que cabe aos sindicatos negociar os mecanismos de compensação de horas.

As regras que regulam a despedida restringem-se quase que inteiramente às indenizações por demissão imotivada. Não há mecanismos efetivos de proteção do emprego, já que o empregador tem amplos poderes para agir segundo seu interesse. E, de fato, o mercado de trabalho brasileiro está entre os mais flexíveis do mundo no que respeita à sua capacidade de resposta eficaz a choques econômicos, e o aumento dos custos de despedida introduzido pela CF/88 não alterou esse quadro (Barros et al., 2001).

---

[48] Apesar da exposição de motivos, há uma percepção de que o banco de horas estimula o recurso à prorrogação da jornada, uma vez que elimina o sobrecusto do adicional de 50%, ou pelo menos adia seu pagamento, se não houve compensação total, para o termo do ano ou para a despedida.

Seja como for, parte da literatura econômica atribui aos custos de despedida um dos males mais perversos do mercado de trabalho brasileiro: as altíssimas taxas de rotatividade. Segundo esse argumento, nos momentos de crescimento econômico (com aumento de emprego), o trabalhador forçaria a rescisão do contrato para ter acesso ao FGTS e à multa de 40% a que tem direito quando é dispensado sem justa causa, receita engrossada pela fração de 13º de salário e de férias (recebidos proporcionalmente) e aviso prévio. Com isso ele teria maior poder de barganha na busca por um melhor emprego, dado que o nível de emprego está em expansão. Poderia ainda aguardar mais tempo antes de aceitar a primeira oferta de trabalho. O seguro-desemprego agrava esse quadro, posto que contribui para dilatar o período de espera e, com ele, o poder de barganha do trabalhador. Alternativamente, nos momentos de crise econômica, os empresários se sentiriam estimulados a despedir trabalhadores com menos tempo no emprego, vistos os menores custos de despedida desse contingente. Temos, por resultado, que, tanto no crescimento quanto na crise, a rotatividade é alta (parte substancial da força de trabalho permanece no emprego por pouco tempo), num caso porque interessa aos trabalhadores e, no outro, porque interessa aos empresários.[49] Em conseqüência, o padrão de salários na economia (Baltar e Proni, 1996) e/ou a produtividade (Amadeo e Camargo, 1996) são baixos. Em suma, o FGTS seria um dos fatores da alta rotatividade de força de trabalho na economia brasileira, o que, por sua vez, reduziria o potencial de aproveitamento produtivo dos recursos humanos (qualificação), tornaria pouco cooperativas as relações entre capital e trabalho, reduziria os padrões de salário na economia e limitaria a possibilidade de ganhos de produtividade associados à qualificação e à cooperação.

Esse argumento já foi analisado e refutado em outra parte (Cardoso, 1999), não cabendo voltar a isso aqui. O que importa marcar é que intensa disputa em torno das reformas trabalhistas ao longo dos anos 1990 teve como principal motor a redução, para as empresas, dos custos da reestruturação produtiva, necessária em face da reforma econômica de corte neoliberal implantada no Brasil nessa década. Mas, com ou sem esses custos, a reestruturação já se efetivou, e isso num ambiente em que "as regras não foram decisivamente mudadas". Onde o foram, isto é, no caso da redução dos custos de despedida e de contratação dos empregados por tempo determinado, as empresas, mesmo as de maior porte, aderiram sem muito apetite às novas regras. Por outras palavras, a reestruturação produtiva ocorreu num ambiente ainda "regulado" pela legislação trabalhista, que não se reve-

---

[49] Ver Macedo e Chahad (1985) para a origem do argumento; e Cacciamali (1996); Camargo (1996); Amadeo e Camargo (1996) para versões equivalentes.

lou, na prática, empecilho de monta às decisões empresariais. Veremos que isso pôde ocorrer, em parte, porque as empresas decidiram, muito simplesmente, deixar de cumprir a lei.

Os direitos coletivos

Os principais direitos coletivos do trabalho são o de sindicalização, o de negociação coletiva e o de greve. Tipicamente, pode-se dizer que, em modelos legislados de relações de trabalho, os direitos individuais impõem restrições ou estabelecem parâmetros para a ação do empregador, enquanto os direitos coletivos têm por objeto habilitar os trabalhadores a, autonomamente, fazer valer aquelas restrições. O direito coletivo habilita-os também a participar de negociações coletivas em condições menos desvantajosas do que seria o caso se as relações de trabalho fossem puramente individuais. Desse ponto de vista, o direito coletivo é, antes de tudo, um habilitador, um instrumento que aumenta o poder coletivo de barganha do agente mais fraco das relações de trabalho.

No Brasil, os direitos coletivos do trabalho estão constitucionalizados, e um conjunto de normas específicas dá corpo aos preceitos constitucionais, muitos deles já presentes na CLT, que foi quase inteiramente recepcionada pela CF/88. Vejamos o desenho de cada um dos elementos mais importantes desses preceitos. Interessa aqui, antes de tudo, avaliar em que medida o desenho institucional é adequado ao cumprimento de três requisitos da ordem coletiva: dar poder aos trabalhadores para fazer valer a legislação, incidindo, assim, diretamente sobre os custos de não-cumprimento da lei por parte das empresas; garantir aos trabalhadores o acesso à negociação coletiva; estimular a negociação entre capital e trabalho, objetivo maior do moderno direito coletivo.

Organização sindical

Desde 1939, o ordenamento jurídico brasileiro adotou o modelo de unicidade sindical que supõe agregação dos trabalhadores a partir não da empresa ou da ocupação, mas da categoria profissional,[50] impondo um sindicato por categoria, por base territorial, que não pode ser menor que o município. Tal modelo, piramidal, prevê a organização sindical em três graus:

---

[50] Definição de categoria profissional, pelo art. 511, §2º, da CLT: "A similitude das condições de vida oriunda da profissão ou trabalho em comum, em situação de emprego na mesma atividade econômica, ou em atividades econômicas similares ou conexas, compõe a expressão social elementar compreendida como categoria profissional".

- sindicatos (atuando preferencialmente junto ao município);
- federações (constituídas por, no mínimo cinco sindicatos, atuando ao nível dos estados);
- confederações (no mínimo, três federações, com atuação em todo o território nacional).

Para viabilizar e garantir a unicidade sindical, a CLT trazia anexo ao art. 577 "um plano básico do enquadramento sindical". Vemos aí um quadro que, a partir dos órgãos de cúpula, as confederações, distribuía, em perfeita simetria, as atividades da indústria, comércio, dos serviços etc. em categorias econômicas (representantes dos empregadores) e profissionais (representantes dos empregados). Qualquer atividade econômica desenvolvida no país encontraria nesse quadro a denominação de categoria que mais se aproximasse de suas características, e já nascia, assim, com representação, tanto para o empregador, quanto para os empregados. A CF/88 parecia romper com esse sistema, já que declara livre a organização sindical (art. 8º, *caput*) e determina a não-ingerência do Estado na organização sindical. (inciso I do art. 8º). No entanto, no inciso II, impõe o mesmo modelo de unicidade sindical e, no VIII, mantém a contribuição obrigatória, que é a principal fonte de receita dos sindicatos. Assim, temos hoje um sistema de transição entre o princípio da unicidade e o do pluralismo sindical que nos deixa em dúvida a respeito do tempo verbal que devemos usar quando falamos do anexo acima mencionado: está vigente? Perdeu eficácia? O certo é que grande parte dos sindicatos operantes no país tem sua denominação e base de representação coincidentes com aquele quadro. Por outro lado, há novidades que rompem com a lógica e a simetria do sistema, sendo a presença das centrais sindicais (que não cabem no sistema anterior) o melhor exemplo disso. Outro sinal de que houve mudanças foi o grande aumento no número de sindicatos nos anos 1990, que saltaram de cerca de 10 mil no início para 16 mil no final da década (Cardoso, 2003).

Em 1952 o Brasil ratificou a Convenção nº 98 da Organização Internacional do Trabalho (OIT) sobre direito de sindicalização e de negociação coletiva. Com isso o direito de filiação aparece na forma negativa típica do direito liberal segundo a qual "ninguém será obrigado a filiar-se ou manter-se filiado a sindicato". Contudo, contrariando esse princípio, os sindicatos detêm representação legal de todos os trabalhadores na mesma base territorial, sejam ou não filiados. Ademais, esses trabalhadores têm um dia de seu salário recolhido compulsoriamente a cada ano, a título de tributo sindical, que é descontado em folha de pagamento pelos empregadores e transferido à Caixa Econômica Federal (CEF), que, por sua vez, repassa aos sindicatos.

A legislação inibe práticas anti-sindicais por parte das empresas, como transferência de dirigentes de seu local de trabalho, limitação de sua atuação na arregimentação de adeptos e inibição da filiação dos trabalhadores aos sindicatos, entre outras. A regra de estabilidade no emprego dos dirigentes sindicais do momento em que compõem a chapa para as eleições até um ano depois do fim do mandato é bem construída e eficiente.[51] Mas não há regras para delegados sindicais ou representantes por locais de trabalho, com exceção de norma constitucional que garante aos trabalhadores de empresas com mais de 200 empregados a eleição de um representante por local de trabalho. Importante marcar que é livre a sindicalização no serviço público civil, mas não no militar, e que os servidores públicos não têm direito à negociação coletiva.

Mais clara é a autonomia administrativa dos sindicatos pós-CF/88. É pacífico na jurisprudência e na doutrina que várias disposições da CLT perderam eficácia, uma vez "vedadas ao Poder Público a interferência e a intervenção na organização sindical" (CF/88, art. 8º, I). É o caso, por exemplo, do art. 592 da CLT, que dispõe sobre a receita do "imposto" sindical, limitada a atividades assistenciais e/ou promocionais. Mesmo destino tiveram os dispositivos sobre eleições. O desconto em folha de pagamento da contribuição sindical, no entanto, permanece válido, conforme entendimento do TST, no sentido de que isso "não vulnera o princípio da liberdade sindical".[52]

Direito de greve

A CF/88 prevê amplo direito de greve. De maneira inovadora no Brasil, admite greve inclusive para os servidores públicos, exceção feita aos militares. O exercício de greve nas atividades privadas está regulado pela Lei nº 7.783/89. Ainda não foi votada lei específica aplicável à greve dos servidores públicos. O *lockout* não é permitido. Entre os requisitos para a decretação da greve, a legislação estabelece que deve haver uma tentativa prévia de negociação; frustrada a negociação, ou verificada a impossibilidade de recurso via arbitral, é facultada a cessação coletiva do trabalho.[53] A greve deverá ser autorizada por assembléia geral convocada para esse fim, em conformidade com o estatuto da entidade sindical. O

---

[51] Na contramão dessas liberdades, o entendimento do TST que se encontra no vigente o art. 522 da CLT, que fixa em sete o número de dirigentes sindicais com garantia de estabilidade.
[52] Recurso Extraordinário nº 279.393 da União contra um sindicato de bancários. Decisão do ministro Carlos Velloso, de 14 de junho de 2005.
[53] Art. 3º da Lei nº 7.783/89.

empregador deve ser notificado da decisão pela greve com antecedência mínima de 48 horas.

Os grevistas têm direitos quanto ao aliciamento pacífico dos trabalhadores para a greve e as empresas não podem constranger o empregado a comparecer ao trabalho, assim como não pode haver impedimento aos que queiram trabalhar. Contudo os piquetes raramente são reprimidos, sendo o principal instrumento de aliciamento para a greve. No caso das atividades essenciais, a lei assevera que empresas, sindicatos e trabalhadores ficam obrigados a garantir a prestação dos serviços indispensáveis à comunidade. Entre as atividades consideradas essenciais estão compensação bancária, abastecimento de água, luz, gás e combustível, assistência hospitalar, venda de remédios e transporte coletivo. A legislação reza, ainda, que a greve suspende o contrato de trabalho e que as relações obrigacionais são regidas "pelo acordo, convenção, laudo arbitral ou decisão da Justiça do Trabalho". Vale dizer, quando observadas as exigências legais, a greve não-abusiva não garante nem impede o pagamento dos salários relativos ao período em que as relações contratuais estiveram suspensas. Caberá à Justiça do Trabalho, em não havendo acordo a esse respeito, decidir se os salários serão pagos ou não.

A jurisprudência do TST entende que a greve, mesmo não-abusiva, desobriga o empregador do pagamento dos dias parados. Entende também que a greve nos serviços essenciais é abusiva se não forem cumpridas as exigências de cumprimento dos serviços indispensáveis à comunidade. Por fim, entende que não cabe às sentenças normativas assegurar estabilidade no emprego aos grevistas. As empresas, pois, podem despedi-los quando retomadas as atividades.

Negociação coletiva

"É obrigatória a participação dos sindicatos nas negociações coletivas do trabalho", dispõe o art. 8º, inciso VI, da CF/88. Se não há sindicato organizado, as federações e, na falta dessas, as confederações poderão celebrar convenções coletivas de trabalho. A negociação coletiva pode englobar toda uma categoria de uma municipalidade (e, às vezes, de mais de uma municipalidade ou estado) ou uma empresa específica. O primeiro tipo de barganha resulta em convenções coletivas celebradas entre sindicatos de trabalhadores e empregadores. O segundo resulta em acordos coletivos entre sindicatos de trabalhadores e uma determinada empresa. Em 2001, de acordo com a Fundação Instituto Brasileiro de Geografia e Estatística (IBGE, 2002), 72% dos 6 mil sindicatos de trabalhadores assalariados haviam participado de negociações coletivas. Isso é basicamente a mesma proporção encontrada em 1991 (Cardoso, 1999:57).

A estrutura sindical é oficialmente piramidal, com sindicatos, federações e confederações. As centrais sindicais, como visto, não têm lugar nesse modelo e, formalmente, não estão autorizadas a conduzir o processo de negociação coletiva. No entanto, desde sua criação, em 1983, a Central Única dos Trabalhadores (CUT) vem tentando consolidar, com maior ou menor sucesso, uma estrutura paralela de federações (primeiro proibida pela CLT e mais tarde permitida pela CF/88), através da qual negociaria acordos coletivos nacionais ou em diversos estados, essa base territorial a depender da categoria objeto da negociação. Os petroleiros, por exemplo, têm pelo menos um empregador nacional, a Petrobras. E os metalúrgicos (especialmente aqueles da indústria automobilística) e os bancários às vezes têm o mesmo empregador em diversas municipalidades e estados. A CUT conseguiu fortalecer federações para essas três categorias na década de 1990, e elas coordenam o processo de negociação coletiva de sindicatos locais. De qualquer modo, a grande maioria da negociação coletiva se dá entre sindicatos locais de empregados e empregadores. Isso tem efeitos importantes sobre os resultados da negociação, analisados adiante.

Efeitos sobre a estrutura sindical e a negociação coletiva

O corporativismo brando brasileiro deu origem a uma estrutura sindical que é oficialmente piramidal, mas na prática os sindicatos locais (quase sempre municipais) concentram o poder de negociação coletiva. Na verdade, embora o instituto da unicidade possa parecer uma restrição à competição no mercado sindical, todo o sistema é altamente fragmentado e competitivo. Não podem existir dois sindicatos de metalúrgicos na mesma cidade, com essa denominação ampla, mas pode haver sindicatos de perfuradores, torneiros mecânicos, marteladores e assim por diante. O mesmo ocorre com trabalhadores da indústria têxtil e de qualquer outra atividade industrial que possa ser segmentada em especialidades ocupacionais. De qualquer forma, uma vez criado um sindicato para uma categoria, o trabalhador não pode escolher a qual sindicato irá recolher seu imposto sindical e, portanto, representá-lo, havendo regras quanto ao enquadramento, cuja principal referência é a atividade principal do empregador.

Se é verdade que a CF/88 afastou a ingerência do Estado na administração dos sindicatos, não é menos verdade que a recepção do modelo de unicidade e a manutenção da contribuição sindical obrigatória exigem o registro público do sindicato, até para viabilizar a redistribuição da contribuição sindical. Segundo o citado censo do IBGE, mais de 70% dos sindicatos de empregados eram reconhecidos oficialmente. Os 30% restantes, supõe-se, deviam estar tentando sê-lo para ter acesso à receita das contribuições sindicais oficiais e para participar da negociação coletiva.

A principal conseqüência da autonomia dos sindicatos em relação à burocracia estatal, mantidos a unicidade e o imposto, foi a fragmentação ainda maior da estrutura sindical. Na verdade, a "unicidade" e a não-competitividade são dois mitos que não se sustentam diante dos dados. Em 2001 um *survey* do IBGE encontrou 16 mil sindicatos no país (incluindo os de trabalhadores e de empregadores), um crescimento de 43% em comparação com 1991 (tabela 1). No mesmo período, a ocupação formal (incluindo empregadores) cresceu apenas 20%, saltando de 24,7mil para 29,6 milhões de pessoas segundo a Pnad. Com isso, cada sindicato representava, em média, 26% menos pessoas do que 10 anos antes.

Tabela 1
Número de sindicatos no Brasil (1991 e 2001)

Tipo de sindicato	1991	2001 Nº	Registrados (%)	Não registrados (%)
Urbanos	6.695	10.258	72,01	27,99
Empregadores	1.751	2.767	78,39	21,61
Trabalhadores	3.838	6.101	70,22	29,78
Autônomos	727	927	64,51	35,49
Profissionais	379	463	72,57	27,43
Rurais	4.498	5.705	69,33	30,67
Empregadores	1.522	1.782	79,41	20,59
Trabalhadores	2.976	3.923	64,75	35,25
Total	11.193	15.963	71,05	28,95

Fonte: IBGE (2002).

O Brasil tem duas grandes centrais sindicais, a CUT e a Força Sindical (FS). Como pode ser visto na tabela 2, a CUT é, de longe, a maior, com quase 3 mil sindicatos filiados em 2001, representando 66% do total de filiações e um quinto do mercado sindical. Entre os trabalhadores assalariados urbanos, 56% dos sindicatos que escolheram uma central sindical se uniram à CUT. Além disso, a CUT espelha a distribuição real de sindicatos existentes por setor econômico. De acordo com a mesma fonte da tabela 3, os sindicatos da indústria representaram 16% de todos os sindicatos em 2001. Na estrutura da CUT, eles representavam 15,7%. Isso também acontece nos setores financeiro, educacional e de transportes. Há super-representação dos sindicatos rurais, 34% no mercado global e 44% na central sindical. Na FS, por outro lado, ocorre uma super-representação dos sindicatos do setor industrial, que totalizam 46% de seus filiados. A FS tem apenas 11% de seu total composto por sindicatos rurais.

Tabela 2
Centrais sindicais no Brasil (2001)

Federações centrais	Sindicatos filiados	Percentagem sobre (A)	Percentagem sobre (B)
CAT	86	2	0,76
CGT	239	5,55	2,1
CUT	2.838	65,95	25
FS	835	19,41	7,35
SDS	287	6,67	2,53
Outros	18	0,42	0,16
Total de sindicatos filiados (A)	4.303	100	37,9
Total de sindicatos (B)			11.354

CAT: Central Autônoma de Trabalhadores; CGT: Central Geral de Trabalhadores; CUT: Central Única de Trabalhadores; FS: Força Sindical; SDS: Social Democracia Sindical.

Um dos problemas sérios de desenho das normas de direito coletivo no Brasil é o fato de que as centrais sindicais não podem participar da negociação coletiva. Elas coordenam as ações de sindicatos locais, arrecadam fundos para eleições sindicais, participam da esfera pública como fomentadoras de discussões políticas e/ou ideológicas, mas não contratam pelo trabalho. Contudo, como se disse, a CUT liderou negociações e entrou em acordo com empregadores em muitas ocasiões, atuando em nome dos sindicatos filiados a ela que, no entanto, são os signatários desses acordos. Além disso, quase todos "os novos" sindicatos da CUT — em 1991 ela possuía 1,7 mil filiados e, em 2001, 2,8 mil — ainda não estavam registrados no Ministério do Trabalho neste último ano. No entanto a maioria deles participava de negociações coletivas, forçando empregadores e sindicatos concorrentes a reconhecê-los como representantes dos trabalhadores que eles afirmavam representar. As regras atuais, pois, transferem aos sindicatos parte do ônus de se provar representativos, ao mesmo tempo em que atribuem ao Ministério do Trabalho a prerrogativa de definir a qual sindicato será recolhido o imposto sindical.

Outro problema de desenho do sistema é a ausência de legislação de proteção para organizações por local de trabalho. Apenas em casos excepcionais de sindicatos mais fortes conseguiu-se negociar a constituição de comissões de empresa. Com isso o sindicalismo brasileiro sempre foi "de porta de fábrica", isto é, organizou-se externamente às empresas, não interferindo, cotidianamente, nos padrões de uso da força de trabalho. Isso dificulta enormemente a fiscalização da vigência da legislação trabalhista ou mesmo dos acordos coletivos no dia-a-dia do trabalho. Em geral os sindicatos só tomam ciência de abusos quando o trabalhador é demitido e procura sua entidade de classe para mover uma ação trabalhista contra o empregador. O controle da aplicação da lei, pois, ocorre *ex post*, findo o contrato de trabalho. Veremos que esse recurso é pouco eficaz como garantidor do direito do trabalho em razão dos limites do trâmite processual trabalhista.

Talvez os problemas mais importantes de desenho do direito coletivo do trabalho estejam relacionados com os institutos do imposto e da unicidade sindicais que, além de fragmentar a representação, como vimos, impedem que o Brasil ratifique a Convenção nº 87 da OIT, limitadores que são da liberdade sindical. A legislação garante que "ninguém está obrigado a filiar-se ou a manter-se filiado a sindicatos", mas garante, também, a pertença compulsória dos trabalhadores de determinada "base territorial" à representação de um sindicato. Isso quer dizer que todos os trabalhadores estão representados pelo sindicato, estejam ou não filiados, e todos pagam a contribuição sindical, queiram ou não. Essa medida reduz o incentivo para a filiação, já que os acordos coletivos valem para todos indistintamente. Os dados da tabela 3 mostram a evolução da taxa de filiação sindical nos últimos anos no país, nunca superior a 22%.

A proporção de filiados é baixa, embora não tenha sofrido alterações importantes nos últimos anos. É preciso notar, contudo, que a estabilidade da taxa de membros dos sindicatos resulta da habilidade do movimento sindical em lidar com as mudanças estruturais do mercado de trabalho. A indústria perdeu mais de 2 milhões de empregos e 500 mil filiados de 1988 a 1998. O setor financeiro perdeu metade de seus empregos no período, e as empresas estatais privatizadas reduziram a um terço ou menos o emprego original (Cardoso, 2003). Contudo os setores de serviços cresceram quase na mesma proporção, recompondo as taxas globais de filiação sindical. Isso não significa, é claro, que o sindicalismo tenha mantido seu poder social e político. Empregados da indústria, de bancos e de empresas estatais eram as principais forças no interior da CUT, e a central teve que enfrentar problemas financeiros graves devido ao enfraquecimento desses sindicatos. A proporção de filiados a sindicatos ainda é praticamente a mesma, mas o mercado sindical, não.

Tabela 3
Filiação sindical no Brasil

Ano	PEA (A)	PEA ocupada (B)	Assalariados (C)	Membros de sindicatos (D)	(D)/(A)	(D)/(B)	Sindicalizados entre assalariados
1988	53.595.963	51.732.445	34.279.202	9.092.685	16,97	17,58	21,9
1995	65.413.222	63.909.393	37.060.634	11.319.065	17,3	17,71	21,6
1999	71.853.858	68.341.333	39.528.703	11.616.738	16,17	17	19,7
2003	87.787.660	79.250.627	49.171.057	14.235.163	16,21	17,96	20,1

Fonte: Elaborada diretamente a partir dos microdados da Pnad.

A unicidade e o imposto limitam, também, a abrangência da representação sindical, restrita ao mercado formal de trabalho. Não há qualquer incentivo para que o sindicalismo organize o mercado informal. Com isso, a negociação coletiva tem um potencial de cobertura de não mais do que 40% da população ocupada.[54]

Além da baixa cobertura, a fragmentação da representação sindical, resultante do problema maior de desenho da legislação, tem levado à perda de poder de barganha dos sindicatos nas negociações coletivas. De acordo com o Departamento Intersindical de Estatística e Estudos Socioeconômicos (Dieese, 1997b),[55] três grandes tendências marcaram o processo de negociação coletiva durante os anos 1990. Em primeiro lugar, enquanto na década de 1980 os salários ocuparam o centro das preocupações dos sindicatos por causa do processo inflacionário, o emprego tornou-se a questão central nos anos 1990. Mas o número de cláusulas que os sindicatos efetivamente conquistaram foi pequeno. Apenas em alguns casos eles se relacionaram diretamente com a conservação ou o aumento do número de empregos, como alguma espécie de garantia do nível de emprego durante um período em particular, a redução das horas de trabalho para garantir empregos transitoriamente, a eliminação de horas extras, a estabilidade no emprego durante o processo de reestruturação envolvendo novas tecnologias etc. A maior parte das outras cláusulas não representou ganhos efetivos além da existência de direitos assegurados por lei, como, por exemplo, a extensão da estabilidade no emprego para trabalhadores em condições especiais (portadores de deficiência física, doenças ou por acidentes de trabalho).

---

[54] Em 2003, ainda segundo a Pnad, os assalariados com carteira (inclusive domésticos) e os funcionários públicos compunham 40,3% da população ocupada, excluídos desse cálculo os trabalhadores para o próprio consumo.
[55] O Dieese analisou 193 convenções coletivas, 51 acordos coletivos, 11 arbitragens judiciais e 31 termos aditivos, cobrindo 88 categorias profissionais no Brasil, 61 das quais na indústria.

Em segundo lugar, embora qualificação profissional e treinamento relacionados à reestruturação tenham começado a surgir em convenções coletivas, cláusulas genéricas prevaleceram. Acordos que comprometam as empresas através do estabelecimento de quantidades de investimento foram raros. O mesmo pode ser dito sobre proteção no caso de reestruturação econômica e mudanças tecnológicas, quase nunca regulamentadas, e, quando foi o caso, as cláusulas eram genéricas e ineficazes. Em terceiro lugar, de forma muito parecida com o que ocorre na Argentina e no México, "garantias essenciais para a criação de um ambiente que permitisse o equilíbrio entre as partes na negociação coletiva — como organização dos trabalhadores ao nível empresarial e acesso a informação sobre as firmas — ainda estão ausentes" (Dieese, 1997b:62). Essa é uma questão importante nos três países: a ausência de cláusulas relacionadas ao poder sindical no interior das empresas. Sem acesso à informação que diz respeito à situação econômica das firmas, os sindicatos devem restringir suas exigências àquilo que o empregador afirma serem as concessões "possíveis" no novo e competitivo ambiente econômico. Muitas negociações nos anos 1990 foram feitas sob a ameaça das empresas fecharem ou se transferirem para outro lugar.

Carvalho Neto (1999:162) detectou tendências similares em sua análise de 27 convenções e 100 acordos coletivos de oito importantes sindicatos em quatro estados brasileiros. Ele descobriu que a reestruturação produtiva só foi negociada de maneira bem-sucedida na indústria automobilística da Região Metropolitana de São Paulo. Por outro lado, apenas entre metalúrgicos e operários da indústria química a participação nos lucros e a redução das horas de trabalho sem redução de salário foram também negociadas. Como no caso do estudo do Dieese, cláusulas que vão além dos direitos garantidos por lei foram a exceção. Indo mais além, Tuma (1999) mostra que a participação nos lucros ganhou força nos anos 1990 como uma importante questão de barganha. Virtualmente todas as grandes empresas negociaram alguma espécie de participação dos empregados nos lucros. Analisando quase mil acordos e convenções, a autora encontrou fortes evidências de que os trabalhadores estão trocando partes maiores do salário fixo básico pela Participação nos Lucros ou Resultados (PLR). Isso aconteceu em sindicatos grandes e pequenos igualmente (1999:147 e 201). De acordo com Tuma, "a flexibilização dos salários está se espalhando através da PLR, assim como a extinção dos aumentos de salários resultantes de ganhos na produtividade. Em 1995, primeiro ano da lei da PLR,[56] ainda era possível encontrar acordos que estipulavam ganhos

---

[56] Na verdade, a primeira tentativa de regular a participação nos lucros foi a Medida Provisória nº 794, de 29 de dezembro de 1994. A primeira lei a respeito é a de número 10.101, de 2000.

na produtividade. Mas de 1996 até o presente momento essa cláusula, que costumava ser a segunda mais importante na barganha por salários, virtualmente desapareceu dos acordos dos sindicatos mais poderosos" (Tuma, 1999:188-199).

Assim como no México (Bensusán, 2006), no Brasil o processo de negociação coletiva não impediu a flexibilização do mercado de trabalho nem diminuiu seu ritmo. Em troca de alguma estabilidade no emprego (restrita a um curto período de tempo ou a um pequeno número de trabalhadores), poderosos sindicatos, como o Sindicato de Metalúrgicos do ABC Paulista, tiveram que abrir mão, através da negociação coletiva, de benefícios e outros importantes ganhos obtidos com dificuldade nos anos 1980, como direitos a transporte, moradia e alimentação, pagamento de adicional de horas extras maior do que o que prevê a lei e outros direitos, em troca da permanência de uma planta da indústria automobilística em São Bernardo do Campo (Cardoso, 2003, cap. 1). O mesmo aconteceu com os metalúrgicos da região de Campinas, também no estado de São Paulo (Araújo e Gitahy, 2003:105-106). Além disso, de maneira muito semelhante ao que ocorreu na Argentina (Novik, 2003), a negociação coletiva foi grandemente descentralizada, com acordos coletivos (entre um sindicato e uma empresa) prevalecendo sobre convenções coletivas (todas as empresas de uma municipalidade) (Oliveira, 2003:292). Finalmente, os sindicatos tiveram que renegociar a perda de importantes ganhos conseguidos nos anos 1980 sob as ameaças de desemprego, de falência da empresa e/ou de que a empresa se mudaria de um estado para outro ou até mesmo para outros países da América Latina.

Em suma, a estrutura sindical desempenha mal as tarefas que se esperariam do direito coletivo do trabalho, sobretudo a de dar poder aos sindicatos para negociar coletivamente em condições menos desvantajosas e a de exercitar o poder de inspeção da aplicação da legislação trabalhista. Muitos dos principais sindicatos no Brasil, nos anos 1990, não conseguiram impedir a cessão de direitos conquistados ao longo da década de 1980. Seu âmbito de atuação também foi bastante reduzido em razão do encolhimento do mercado formal de trabalho, que compreendia, em 2002, não mais do que 37% da população ocupada (41% em 1992).[57] Como demonstrado por Cardoso (2003), os sindicatos tornaram-se intermediários entre o trabalhador individual e a Justiça do Trabalho, vertida, nos anos 1990, na principal guardiã dos direitos individuais do trabalho. Voltaremos a isso outras vezes neste livro.

---

[57] Esse cálculo agrega trabalhadores assalariados com carteira assinada e servidores públicos divididos pela população ocupada global.

A jurisprudência

Assim como a atividade legislativa, a atividade jurisprudencial trabalhista é intensa no país. Para que se tenha uma idéia dos montantes, no TRT-RJ (1ª Região) foram encontradas 780 decisões sobre um único tema, horas extras. Sobre o mesmo tema, o TRT de Minas Gerais (3ª Região) produziu 854 decisões, enquanto o de São Paulo (2ª Região) produziu mais de mil. Em todo o país as decisões chegariam facilmente à casa dos 20 mil. Em razão disso, optou-se pela análise dos enunciados de súmula do TST.[58] Conforme já se disse, os enunciados de súmula são consolidações da jurisprudência destinadas a orientar os operadores do direito sobre a tendência dos tribunais na interpretação da lei. Todos os tribunais regionais emitem enunciados como esses, mas os do TST têm significado mais amplo, já que é de responsabilidade dessa instância superior a uniformização nacional da jurisprudência. Tal atividade serve muitas vezes de referência para mudanças na legislação.[59] As súmulas analisadas são as que têm por conteúdo remuneração e duração da jornada. Analisamos também as principais demandas coletivas, cobrindo as décadas de 1970 a 1990. O objetivo é avaliar se a jurisprudência amplia, restringe ou não, afeta a proteção legal e se esses resultados variam segundo as conjunturas políticas e econômicas.

No que se refere ao direito individual, do total analisado, 65% ampliam a cobertura do texto legal, 2,6% são técnicas, não comportando restrição ou ampliação de direitos, e 32% restringem aquela cobertura (tabela 4). Exemplo de ampliação é a Súmula nº 110, sobre o art. 66 da CLT, que reza que, entre duas jornadas de trabalho, haverá um período mínimo de 11 horas de descanso. É claro que as 24 horas de repouso semanal remunerado representam mais que esse intervalo; no entanto a jurisprudência exige que se respeitem, nos casos de trabalho em turnos de revezamento, 35 horas de repouso, sob pena de serem pagas 11 horas com o adicional de horas extras (50% acima do valor da hora normal). Outro caso interessante, que revela a mudança da interpretação dos tribunais e seu efeito sobre a legislação, é o art. 71 da CLT, segundo o qual, no caso de jornadas superiores a seis horas de trabalho, deve haver intervalo de pelo menos uma hora para "repouso ou alimentação". A Súmula nº 88 do TST, de 1978, julgava que a não-observân-

---

[58] Avaliamos 364 enunciados de súmulas do TST editados desde 1969. Desses foram excluídos enunciados referentes ao trâmite processual e ao direito de categorias muito específicas, como empregados de uma só empresa. Restaram 193 súmulas e suas revisões, compondo a análise que se segue.
[59] Um exemplo de enunciado que orientou mudança na legislação é o de nº 94, de 1980. Ele rezava que "o valor das horas extraordinárias habituais integra o aviso prévio indenizado". Em 2001, depois de 20 anos de vigência desse enunciado, o art. 487 da CLT ganhou um quinto parágrafo, onde se lê que "o valor das horas extraordinárias habituais integra o aviso prévio".

cia do intervalo não gerava ao trabalhador direito a indenização, "por tratar-se apenas de infração administrativa". Em 1994, depois de seguidas críticas a esse entendimento, a CLT foi modificada, incorporando-se ao art. 71 um quarto parágrafo, obrigando o empregador a remunerar como hora extra o horário de repouso não concedido.

A tabela 4 sugere que as súmulas não são infensas às conjunturas econômicas, embora sua correlação com as conjunturas políticas seja um tanto contraintuitiva. Assim, a década de 1970 (aqui incluindo o ano de 1969), período ditatorial, mas de intenso crescimento econômico, teve a maior taxa de ampliação de direitos por via jurisprudencial, ou pouco mais de 80% dos 51 enunciados da década. Na primeira metade dos anos 1980, período de distensão do regime autoritário e de crise econômica, a taxa de ampliação foi inferior, mas ainda assim muito alta, de mais de 72%. A segunda metade dos anos 1980 foi de democratização, nova constituinte, novos direitos, mas também de turbulência econômica. O ano do Plano Cruzado, 1986, de intenso crescimento do produto interno bruto (PIB), do emprego e dos salários reais, foi o que apresentou as maiores taxas de restrição de direitos, com sete enunciados contrários num total de 11 examinados. O mesmo se tinha passado em 1985, com 13 enunciados em 26 restringindo direitos. Ou seja, no momento em que novos direitos do trabalho estavam sendo instituídos e novas liberdades políticas conquistadas, o Judiciário Trabalhista tendeu à aplicação restritiva da lei. Isso voltaria a ocorrer no início dos anos 1990, mas em muito menor medida. Quase 60% das súmulas daquele período favoreceram o trabalhador. Na metade seguinte da década, quando o direito do trabalho foi flexibilizado, a Justiça, ao contrário, tendeu a ampliar o escopo do texto legal, ou seja, de um modo geral, pode-se dizer que a turbulência econômica é acompanhada de interpretação mais restritiva da lei, enquanto períodos de maior estabilidade ou crescimento redundam em maior liberalidade dos tribunais.

Tabela 4
Jurisprudência relativa a direitos individuais (TST, 1969-99)

Períodos	Amplia	Mantém	Restringe	Total
Década de 1970	80,4	0	19,6	51
1980-84	72,5	0	27,5	77
1985-89	47,1	2	51	25
1990-94	58,3	16,7	25	29
1995-99	62,5	0	37,5	11
Total (%)	65,3	2,6	32,1	100
Total (N)	126	5	62	193

Fonte: Elaborada a partir de enunciados de súmula selecionados do TST.

No que respeita ao direito coletivo, a jurisprudência do TST tem sido menos ambígua. Dos 18 enunciados examinados, editados desde 1982, 12 foram considerados restritivos de direitos. A restrição vem sendo utilizada como mecanismo de estímulo à negociação entre as partes, reduzindo a interferência da Justiça nos conflitos de interesse, em acordo, aliás, com a queda substancial no montante de dissídios coletivos. Isso é mais evidente depois da CF/88. Na mesma direção, têm sido prestigiadas as regras assentadas em convenções/acordos coletivos, mesmo quando afrontam princípios cristalizados. É o caso da Súmula nº 342, que valida a prorrogação de jornada em atividade insalubre, sem autorização administrativa, em contrariedade ao art. 60 da CLT, que a proíbe. Outro exemplo é a admissão de escalonamento do adicional de periculosidade (previsto em lei, em 30%), também quando fixado em instrumento coletivo (Orientação Jurisprudencial nº 364/2002).

A ênfase na tutela da estabilidade dos empregados que ocupam cargos em órgãos de defesa de interesse coletivos — sindicatos, cooperativas, Cipa — também pode ser lida como prestígio da via de negociação coletiva. De fato, antigas polêmicas, como a necessidade de instauração de inquérito na Justiça do Trabalho (CLT, art. 853) para apuração da falta grave de dirigente sindical estável e a estabilidade do suplente da Cipa, foram decididas de maneira mais favorável à proteção do emprego desses representantes e, portanto, em favor da dimensão coletiva dessas regras (OJ nº 25/96 e OJ nº 114/97, SDI-1, TST).[60] No entanto, é o instituto da "substituição processual" que oferece indicadores mais precisos da tendência do Judiciário. Com efeito, esse mecanismo guarda promessas de melhorar a eficiência do sistema. Primeiro, no que diz respeito ao direito material, porque transferiria ao sindicato o ônus da reclamação trabalhista, tornando mais cara para o empregador a aposta na inércia dos trabalhadores. Em segundo lugar, do ponto de vista processual, uma vez que reuniria muitas ações (de cada um dos trabalhadores lesados) numa só, reduzindo seus custos e o tempo de julgamento e aumentando sua eficácia. Embora a CF/88 tenha sinalizado no sentido de ampla autorização da substituição processual, a jurisprudência mostrou-se restritiva e conservadora. Assim, pela Súmula nº 310/93, apenas demandas salariais poderiam ser objeto de substituição processual. Além disso, os demandantes deveriam ser todos identificados, informando inclusive o número da carteira de trabalho. O cancelamento dessa súmula em 2003, atendendo a demandas de muitos operadores do direito e sindicalistas, mostra a mudança de rumos dos tribunais e abre espaço para manejo mais proveitoso da substituição processual.

---

[60] Registre-se, como esperado, que há também interpretações desfavoráveis e restritivas (OJ nºs 34/94; 145/98; 86/97, todas da SDI-1, TST).

Custos legais de cumprir ou não a legislação

A legislação trabalhista incide sobre uma relação de natureza contratual que se estabelece entre empregado e empregador, que a ela se vinculam livremente. No entanto, considerando que os riscos do negócio correm por conta do empregador, a ordem jurídica lhe reconhece um poder diretivo e disciplinar que gera para o empregado um estado de subordinação jurídica. Esse estado, que coincide com estado de dependência econômica, torna o empregado vulnerável às imposições de seu empregador e obriga a ordem jurídica a estabelecer parâmetros que garantam a integridade física e mental do empregado, sobretudo o respeito à dignidade da pessoa. Essa intervenção do Estado nas relações de trabalho se faz através de normas de ordem pública, vale dizer, de natureza absolutamente imperativa, que se impõem à vontade das partes e não podem ser afastadas nem por mútuo consentimento. Neste sentido é correto afirmar a rigidez da legislação trabalhista.[61]

Essa rigidez não é absoluta, porém, e a própria lei prevê hipóteses de extrapolação dos limites legais para fazer frente a eventos que perturbem o ritmo ordinário da produção — força maior, necessidade imperiosa de serviço, conjuntura econômica, autorização administrativa, entre outras. E, como vimos, a partir da CF/88, os sindicatos estão autorizados a negociar com os empregadores a flexibilização das normas incidentes sobre os pilares mais sensíveis do contrato de trabalho: a remuneração e a duração do trabalho.

A legislação trabalhista brasileira define um conjunto de direitos contratuais básicos de mensuração controversa, como veremos, compondo os custos diretos do trabalho. Define também uma infinidade de obrigações trabalhistas quanto à medicina e à segurança no trabalho, o que torna muito difícil aquilatar o custo efetivo de cumprimento da legislação por oposição a um contrato informal, por exemplo. Assim, para manter um trabalhador formal não basta pagar-lhe os direitos legais. É preciso assegurar-lhe condições de trabalho consentâneas com o que demanda a legislação específica sobre saúde e medicina no trabalho, de segurança no trabalho e assim por diante. O problema é que normas de segurança variam de atividade para atividade. O trabalho numa refinaria de petróleo tem muito mais riscos (e custos) do que o trabalho de um operador de máquinas numa fábrica de televisores, que apresenta muito menos riscos ainda do que o trabalho na constru-

---

[61] A propósito, consultar o art. 9º da CLT: "Serão nulos de pleno direito os atos praticados com o objetivo de desvirtuar, impedir ou fraudar a aplicação dos preceitos contidos na presente Consolidação"; e o art. 468: "Nos contratos individuais de trabalho só é lícita a alteração das respectivas condições por mútuo consentimento, e ainda assim desde que não resultem, direta ou indiretamente, prejuízos ao empregado, sob pena de nulidade da cláusula infringente desta garantia".

ção civil. Logo, qualquer medida de custos de cumprimento que leve em conta somente os encargos que incidem sobre a folha de pagamento estará subestimando os custos efetivamente incorridos pelas empresas, por oposição a uma relação de trabalho estritamente informal.

Essas observações são importantes para deixar claro, desde logo, que o cálculo dos custos de cumprimento apresentado em seguida é apenas uma aproximação do mundo real. Ele não leva em conta circunstâncias especiais de algumas atividades, e tampouco considera os contratos atípicos de trabalho. Ainda assim, trata-se de uma aproximação razoavelmente boa, já que mais de 95% dos contratos formais de trabalho na economia brasileira são por tempo indeterminado, ou típicos.

Custos de cumprimento

Por questões históricas que não vem ao caso investigar agora, a folha de pagamento de uma empresa é um dos principais instrumentos de arrecadação de impostos e contribuições no Brasil. Imposto de renda, contribuições previdenciárias, contribuições sindicais, sustentação dos sistemas de proteção do trabalhador e de assistência social das empresas, tudo isso está vinculado à massa de salários formalmente paga aos trabalhadores brasileiros. Como veremos, muito do que normalmente é computado como "custo do trabalho" é, na verdade, fruto de um artifício contábil para garantir a arrecadação de fundos para a sustentação de outras entidades mais ou menos ligadas ao mundo do trabalho.

Além disso, há uma grande controvérsia no Brasil sobre o que realmente deve ser computado como custo de cumprimento da legislação trabalhista. Amadeo, Gill e Neri (2000:7), por exemplo, calculam esses custos em 65,4% do salário-base. No Dieese (1997a:13) chega a 53,93%, e Tokman e Martínez (1999) apresentam 58,2% como o montante de encargos legais no país. Mas o principal argumento de economistas e empresários, e que sustentou, ao longo dos anos 1990, sua demanda por redução dos encargos trabalhistas, assevera que, para um salário-base de R$ 100, um trabalhador formal custa R$ 202 para as empresas, ou seja, o custo de se cumprir a legislação seria 102% acima do custo de não a cumprir.[62]

A controvérsia entre Pastore e os demais tem origem na definição mesma de salário contratual ou básico sobre o qual os cálculos são realizados. A metodologia de Pastore (1997) opera com uma idéia de salário-hora segundo a qual o empregador calcularia o montante que estaria disposto a pagar por uma hora de trabalho tendo em vista uma planilha fixa de custos de produção. Se, por lei, a jornada diária

---

[62] O argumento é defendido por Pastore (1997) e é hegemônico entre os economistas que preconizaram (e lograram) flexibilizar a legislação trabalhista na década de 1990.

de trabalho não pode exceder oito horas, um mês médio teria 242,7 horas úteis, das quais apenas 190,7 são efetivamente trabalhadas, já que o limite constitucional da jornada é de 44 horas. Logo, o empresário pagaria por 242,7 horas para receber em troca apenas 190,7 horas de trabalho. Pastore considera que as 52 horas mensais não trabalhadas (domingos e metade dos sábados) são encargos trabalhistas, bem como as férias e os feriados, que seriam, igualmente, tempo de trabalho pago mas não trabalhado. Trata-se, como parece claro, de uma concepção inadequada do que seja o salário numa economia capitalista moderna. Os trabalhadores de hoje não são os jornaleiros do século XVIII, que alugavam suas horas de trabalho e, ao final do dia, recebiam apenas as horas trabalhadas, estando, portanto, obrigados a trabalhar aos domingos, feriados e dias santos. Ao contrário, o salário contratual mensal sobre o qual incidem encargos trabalhistas "supõe" esse elemento civilizador que é o descanso semanal remunerado, respeitado até mesmo nos contratos informais de trabalho.

Se o cálculo de Pastore é incorreto, por outro lado não parece haver um critério decisivo que leve à escolha incontroversa deste ou daquele outro cálculo entre os vários disponíveis. Assim, Amadeo, Gill e Neri (2000) apresentam o conjunto de custos do trabalho exposto na tabela 5.[63]

Tabela 5
Composição dos custos do trabalho para o empregador

Itens de despesas	Percentagem	Desembolso (em R$)
Salário contratual		100
1. 13º salário	8,3	108,3
2. Férias	11,1	119,4
3. FGTS[a]	8 + 0,5	127,9
4. Outros benefícios obrigatórios[b]	10	137,9
Subtotal		137,9
5. Sesi, Senai, Sebrae (organizações empresariais)	3,1	141
6. INSS[c], seguros contra acidentes, salário-educação, Incra	24,7	165,7
Desembolso total mensal do empregador		165,7

Fonte: Adaptada de Amadeo, Gill e Neri (2000:7).
[a]A partir de 2001 o FGTS foi acrescido de uma contribuição social de 0,5% destinada a recompor dívidas do fundo e também devida pelo empregador até setembro de 2006; [b]há benefícios que não podem ser calculados para todos os trabalhadores, porque dependem do tipo de trabalho, de setor etc.; [c]os trabalhadores contribuem com 7,65%, 8,65%, 9% ou 11% para a Previdência Social, dependendo do salário.

---

[63] Adaptamos os custos para refletir mudanças na lei em 2001, quando o desembolso do empregador com o FGTS subiu de 8% para 10%. Adaptamos, também, o valor das férias, que os autores definiram, incompreensivelmente, em 11,3%. As férias equivalem a 1,33% salário, o que, incidindo sobre 12 meses, resulta em 11,1% ao mês.

A vantagem dessa planilha é, também, seu principal problema. O item 4 incorpora um aspecto dos custos do trabalho que outros cálculos não levam em conta (nem mesmo o de Pastore), ou seja, direitos trabalhistas voltados para a proteção de grupos específicos de trabalhadores. Contudo o valor atribuído a esses direitos é arbitrário. Não há qualquer explicação de por que foi fixado em 10%. Ainda assim, pode-se dizer que, desde 2001, quando o FGTS subiu para 10%, o custo de se cumprir os direitos de contratação de um trabalhador formal no Brasil gira em torno de 66% do salário-base, variando, por exemplo, segundo o setor de atividade econômica e o tipo de trabalho (se em turno, se noturno, se insalubre, se de risco).

Já a demissão tem custo menos controverso, já que, "tendo cumprido as obrigações contratuais", ao demitir sem justa causa, o empregador deve pagar uma multa de 50% sobre o FGTS acumulado ao longo do contrato de trabalho (dos quais 40% são de propriedade do trabalhador e 10% destinam-se ao provimento de caixa do próprio FGTS) mais um mês de aviso prévio. Logo, os custos de demissão crescem com a duração do contrato de trabalho. A tabela 6 mostra esse crescimento para contratos com duração de um a 20 anos.

Tabela 6
Custo total de demissão (como múltiplos do salário mensal)

Duração	1 ano	2 anos	3 anos	4 anos	5 anos	10 anos	15 anos	20 anos
Multa do FGTS	0,67	1,33	2	2,66	3,33	6,65	9,98	13,3
Aviso prévio	1	1	1	1	1	1	1	1
Total	1,67	2,33	3	3,66	4,99	7,65	10,98	14,3

Fonte: Adaptada de Amadeo, Gill e Neri (2000:5).

Ao final de uma relação de trabalho de 20 anos, o empregador deve ao trabalhador 14,3 salários a título de indenização. Se a relação durou um ano, o custo é de 1,67 salário. E isso é tudo o que é devido, desde que os direitos contratuais (como férias e 13º) estejam em dia. É bom marcar que esses custos são bem mais baixos do que o encontrável em outros países latino-americanos, mesmo os considerados mais liberais em termos de regulação trabalhista. A tabela 7 mostra que a demissão de um trabalhador contratado "por tempo indeterminado" é mais barata no Brasil do que no México, na Argentina ou no Chile. E apenas na Argentina é mais barato demitir um trabalhador por tempo determinado do que no Brasil. A tão propalada rigidez de nosso mercado de trabalho não passa de um mito sustentado por agentes com interesses reais num ambiente de disputa pela distribuição da riqueza produzida pelo trabalho.

Tabela 7
Custos de demissão em países selecionados da América Latina
(dias de salários pagos)

Modalidade	México	Argentina	Brasil	Chile
Trabalhador por tempo indeterminado com três anos de emprego	186	145	90	180
Trabalhador por tempo determinado com contrato de dois anos demitido no 18º mês	200	75	90	180

Fonte: Bensusán (2006).

Custos de não-cumprimento da legislação

O estímulo ao cumprimento das normas supõe, entre outras coisas, a imposição de penalidades por seu não-cumprimento. A rede de proteção ao trabalhador compõe-se de mecanismos diversos e complementares, que podem ser acionados em diferentes momentos da relação empregatícia e por diferentes agentes: o próprio trabalhador, o sindicato, os fiscais do trabalho (MTE), os procuradores do trabalho (MPT). O mecanismo mais próximo de empregado e empregador é a previsão legal de sobretaxar em 100% ou 50% o preço das obrigações trabalhistas que não forem implementadas no tempo certo. Assim, as férias não gozadas nos 12 meses que se seguem à aquisição do direito são devidas em dobro; também o trabalho em dias de repouso (domingo, preferencialmente, ou feriados) deve ser pago em dobro; 50% de acréscimo têm as horas trabalhadas no intervalo destinado a repouso ou alimentação; 50% de acréscimo sofrem as verbas incontroversas não pagas na primeira audiência, e mais um salário é devido ao empregado pelo atraso no pagamento das verbas rescisórias. Essas sanções representam tanto um "incentivo negativo" para o empregador cumprir a lei, quanto um incentivo à iniciativa do empregado de cobrança do devido. Nesse caso, o empregado é o próprio "agente fiscalizador", que vai apontar a inadimplência do empregador (atraso, adiamento ou sonegação de contraprestações devidas).

Quando a recalcitrância do empregador se dá em relação a muitos empregados, abre-se a oportunidade de ação dos sindicatos, que tanto podem representar junto ao MPT, quanto às DRTs e, ainda, ajuizar ações na Justiça do Trabalho. O sindicato pode dar assistência jurídica na ação individual, ou agir como substituto processual pelo menos nas ações de cumprimento de convenções/acordos coletivos, além daquelas que tratam de condições insalubres ou perigosas. Mas o MTE (de que falaremos em seguida) e o MPT detêm competência para agir autonomamente, e esses agentes de Estado têm-se mostrado ativos e dispostos em suas missões institucionais, uma nova atitude cujo marco é a CF/88. O MPT, constitucionalmente investido da missão de "defesa da ordem jurídica, do regime democrático e dos interesses sociais e individuais indisponíveis", encontra na ação civil pública (Lei nº 7.347/85) importante instrumento de atuação. De fato, além da instauração de inquérito civil para apuração das denúncias (art. 8º, §1º), pode o MPT firmar "compromisso de ajuste de conduta às exigências legais",[64] o que encurta o caminho entre as fases administrativa e jurisdicional, claro sinal de aperfeiçoamento do sistema. Já a fiscalização a cargo do MTE (analisada em capítulo específico mais adiante) coloca nas mãos dos fiscais competência para instrução, lavratura de autos de infração e aplicação de multas às empresas faltosas.[65] Note-se que as atividades do MTE e do MPT não são intercambiáveis, mas sim complementares, e a otimização do desenho do que chamamos de rede de proteção social ao trabalhador passaria pela maior aproximação entre essas instituições.

A tabela 8 apresenta o montante das multas aplicáveis pelos auditores fiscais do trabalho (ligados ao MTE, como analisaremos mais adiante) em aspectos selecionados das relações contratuais. As multas podem ter valor fixo ou variável. As fixas são, em geral, definidas por empregado em situação irregular, e não dão margem a dúvida ou discrição por parte do auditor do trabalho. As multas variáveis são de outra natureza, podendo o auditor arbitrar o montante levando em conta o tamanho da empresa, sua situação econômica e outros intervenientes, que podem funcionar como agravantes ou atenuantes da situação irregular. No caso da jornada de trabalho, por exemplo, uma empresa que esteja descumprindo o teto de oito horas diárias (para um ou mais de seus empregados) será multada em até R$ 6.071. Se, além disso, estiver burlando a legislação de horas extras, receberá outra multa no mesmo montante e assim por diante. Se reincidente, as multas dobram. No caso da não-anotação da CTPS, a multa é de pouco mais de R$ 607 por empregado em situação irregular. É de senso comum nos meios judiciais e trabalhistas a idéia de que as multas atendem ao princípio do razoável, sendo suficientes para inibir condutas faltosas, sobretudo nas pequenas e médias empresas. Logo, a questão é saber qual a probabilidade de o empregador ser apanhado caso resolva descumprir a lei, tema a ser mais bem analisado no próximo capítulo.

---

[64] O termo de ajuste de conduta (TAC) prevê multas por descumprimento dos compromissos firmados e é título executivo extrajudicial, isto é, pode ensejar execução na Justiça do Trabalho.
[65] A CLT, a cada capítulo que define direitos e deveres de empregados e empregadores (o que constitui o direito do trabalho propriamente dito), prevê as penalidades a serem aplicadas em caso de descumprimento dessas regras. Essa atividade fiscal possui natureza de direito administrativo e se constitui, portanto, em direito público.

Tabela 8
Multas trabalhistas para infrações selecionadas

Multas fixas	Multa (R$ dez. 2005)	Incidência
Natureza		
Obrigatoriedade da CTPS	607,11	Por empregado, dobrada na reincidência
Falta anotação da CTPS	446,62	Por empregado, dobrada na reincidência
Falta registro de emprego	607,11	Por empregado, dobrada na reincidência
Falta de atualização LRE/FRE	303,55	Dobrada na reincidência
Falta de autenticação LRE/FRE	303,55	Dobrada na reincidência
Venda de CTPS (igual ou semelhante)	1.821,33	
Extravio ou inutilização da CTPS	303,55	
Retenção da CTPS	303,55	Por empregado, dobrada na reincidência
Não comparecimento à audiência para anotação na CTPS	607,11	Por empregado, dobrada na reincidência
Cobrança da CTPS pelo sindicato	1.821,33	Por empregado, dobrada na reincidência
Férias	256,78	Por empregado, dobrada em reincidência, embaraço ou resistência

Multas variáveis	Multa (R$ dez. 2005) Mínimo	Máximo	Incidência
Duração do trabalho	60,71	6.071,09	Dobrada na reincidência
Salário mínimo	60,71	1.850,67	Dobrada na reincidência
Segurança do trabalho	1.011,85	10.118,05	Valor máximo na reincidência
Medicina do trabalho	607,11	6.071,09	Valor máximo na reincidência
Duração e condições especiais de trabalho	60,71	6.071,09	Dobrada na reincidência
Nacionalização do trabalho	121,42	12.142,18	
Trabalho da mulher	121,42	1.214,26	Valor máximo na reincidência
Contribuição sindical	12,14	12.142,18	
FGTS: falta de depósito	16,05	160,49	Por empregado, dobrada em reincidência, fraude, simulação, artifício, ardil etc.

Fonte: Portaria nº 290 do MTE, de 11 de abril de 1997.
Obs.: LRE/FRE = livro de registro de empregados/ficha de registro do empregado.

O sistema complexo de vigilância do trabalho tem caráter preventivo e se insere na técnica de estimular a obediência à norma através de ações fiscalizadoras e aplicação de multas. No caso de falha do sistema, e ocorrendo sonegação de direitos, abre-se a via da tutela jurisdicional para o trabalhador lesado. Isto é, o empregado que sofre lesão a seus direitos pode recorrer à Justiça do Trabalho em busca da composição de seu patrimônio. Também nessa fase a ordem jurídica parece generosa e protetora do trabalhador: há uma justiça especial — Justiça do Trabalho, organizada em varas do Trabalho, TRTs e TSTs — e um processo especial — processo do trabalho informado pelo princípio de celeridade, oralidade, gratuidade na maioria dos casos e sobretudo pelo princípio da tutela do empregado. Mas, da mesma forma que a lei sofre constantes violações por parte das empresas, apesar da bem montada rede de proteção legal, aqui também o sistema processual tem problemas para atender o trabalhador. Dos processos trabalhistas (em torno de 1,7 milhão de novos processos por ano), boa parte termina por conciliação. Como veremos no capítulo sobre a Justiça do Trabalho, nas conciliações os trabalhadores costumam abrir mão de até metade do que teriam direito se o processo fosse até o final.

Conclusão

No debate contemporâneo, brasileiro ou mundial, esse modelo legislado de relações de classe tem sido encarado exclusivamente do ponto de vista dos custos que impõe às empresas. Mas nem sempre foi assim. Até não muito tempo atrás o direito do trabalho, no Brasil e na América Latina, era parte inescapável de um arcabouço mais geral de ordenamento da sociedade, que visava, ao menos idealmente, fundar as bases da segurança socioeconômica das populações que vivem do trabalho, e com isso servir de elemento de legitimação da ordem capitalista. À guisa de conclusão a este capítulo, vale a pena reconstituir, ainda que telegraficamente, a história da consolidação de dois outros modelos legislados de desenho muito próximo ao nosso, aqueles de Argentina e México. Veremos que, como no Brasil, a consolidação do direito do trabalho ocorreu em compasso com o processo de constituição dessas nações, presidida por governos em maior ou menor medida comprometidos com uma idéia-força de relevo, a desmercantilização da força de trabalho. Essa discussão, espera-se, colocará em perspectiva o caso brasileiro, marcando uma posição contra a restrição de significados do direito do trabalho que a razão neoliberal impôs aos horizontes do debate atual sobre o tema.

Excurso sobre o direito do trabalho na Argentina e no México

Tal como no Brasil, os sistemas de relações de trabalho da maioria dos países latino-americanos se constituíram como uma parte fulcral do processo de inclusão política e econômica das massas nas democracias emergentes do primeiro terço do século XX. Mais do que tudo, eles contribuíram para pavimentar o caminho do intenso processo de desenvolvimento econômico baseado na industrialização por substituição por importações patrocinada, muitas vezes, por estados nacionais autoritários. Argentina, Brasil e México, ao lado de Venezuela e Peru, são casos típicos da forte simbiose entre desenvolvimento econômico, de um lado, e controle do Estado sobre as forças sociais que o próprio desenvolvimento contribuiu para constituir, de outro. Apesar de importantes especificidades de cada processo particular de consolidação, não se pode compreender a configuração das relações de classe no continente sem fazer imediata referência ao papel do Estado na conformação da natureza, do escopo e da direção do desenvolvimento político e econômico mais geral.

Iniciados em 1917 com a revolução mexicana, os processos de incorporação das classes trabalhadoras emergentes (e por vezes, do campesinato) e de consolidação dos sistemas de regulação das relações de trabalho tinham se completado em 1955, quando Perón foi destituído do poder por um golpe militar um ano depois do suicídio de Getúlio Vargas no Brasil. Em cada país, 10 a 15 anos foram suficientes para a consolidação do arcabouço legal e político sob o qual Estado, trabalho e capital passaram a negociar e solucionar seus conflitos nas décadas seguintes, de forma mais ou menos autoritária, dependendo das conjunturas históricas.

Alguns autores denominaram o modelo consolidado nesses países como de proteção social, por oposição a modelos mais flexíveis e liberais. Segundo essa leitura, um Estado forte funcionou como mediador entre trabalho e capital para garantir relações harmoniosas em favor da acumulação capitalista, ao mesmo tempo em que protegia os trabalhadores por meio de uma legislação social que, entre outras coisas, visava assegurar ao operariado e ao trabalhador urbano emergente "direitos de propriedade sobre seu posto de trabalho". Em quase todos os países latino-americanos instituíram-se regras estritas de estabilidade, tornando custosas ou impossíveis as demissões. Na verdade, as relações de emprego baseavam-se, quase sempre, numa premissa global e decisiva: segurança no emprego. As relações coletivas de trabalho, bem como a negociação coletiva, também eram reguladas por lei, incluindo, aqui, o controle dos sindicatos e de seu poder de ação coletiva, em troca de reconhecimento político e de controle sobre suas bases de apoio. Por essa razão, a principal característica dos sistemas de relações de trabalho entre nós, sobretudo nos três países mencionados aqui, é o fato de que a lei, mais do que a negociação coletiva, cumpre o papel determinante na mediação das classes entre si e dessas com o Estado. A negociação coletiva e o conflito social estiveram quase sempre presentes, é claro, mas tiveram um papel subsidiário ao longo do tempo no que respeita à regulação do mercado de trabalho. Vejamos os fundamentos desse sistema, apenas esboçado aqui.

Os sistemas de relações de trabalho de Argentina, Brasil e México têm muitas semelhanças, mas suas diferenças não podem ser menosprezadas. Essas diferenças decorrem tanto do processo de consolidação das relações entre Estado e sociedade quanto do escopo e do *timing* das mudanças políticas e econômicas dos anos recentes. Dos três países, o México é, de longe, o sistema mais estável na América Latina. As linhas mestras da regulação do trabalho naquele país, ainda vigentes, foram estabelecidas ainda em 1917, quando a legislação trabalhista mexicana foi inscrita na Constituição Federal através do art. 123. Em 1931, com a edição da Lei Federal do Trabalho, o processo de desenho legal do mercado de trabalho e suas instituições estava consumado. O caráter longevo do sistema mexicano de regulação resulta do fato de que, desde o início, o chamado "problema social" foi tratado pelos revolucionários de 1910 como um aspecto crucial do projeto político da revolução mesma, e, mais tarde, do regime político que não sofreria grandes mudanças por cerca de 70 anos.

O art. 123 da Constituição mexicana foi uma compilação sistemática da legislação dispersa que regulava as relações de trabalho em regiões, setores econômicos ou qualificações em países como Estados Unidos, França, Bélgica e Inglaterra. Por causa de seu caráter sistemático, era única no mundo, introduzindo um amplo conjunto de proteções num país onde a população potencialmente protegida era uma estrondosa minoria. O art. 123 fixava jornada de trabalho de oito horas por dia, proibia o trabalho de pessoas com menos de 16 anos, protegia a mulher gestante, definia salário mínimo baseado nas necessidades básicas de um trabalhador chefe de família, impunha limites a horas extras, protegia salários e assim por diante. Além disso, garantia direito de associação a trabalhadores e empregadores, direito de greve e asseverava o caráter irrenunciável do direito do trabalho. Ou seja, o direito constitucionalizado do trabalho incluía parâmetros formais para a negociação coletiva e aspectos substantivos relacionados com condições de trabalho e remuneração. Ademais, instituía o papel tutelar do Estado, que reconhecia, por lei, a posição mais fraca dos trabalhadores numa economia capitalista. De acordo com Bensusán (2000:67), não houve um "diagnóstico" da viabilidade do nível de proteção previsto no art. 123. "Era, ao invés disso, uma estratégia voltada para modernizar as relações de trabalho centrada na proteção legal" num país no qual a grande maioria da força de trabalho era composta por trabalhadores rurais e camponeses (71% em 1930).[66]

De 1917 até 1931 uma série de leis concretizou os dispositivos constitucionais, culminando na Lei Federal do Trabalho (LFT). Em 1925, por exemplo, o

---

[66] De acordo com Tamayo (1987:196), apud Bensusán (2000:68). Bizberg (1999) argumenta na mesma direção.

direito de greve foi restringido. As paralisações deveriam ser apoiadas pela maioria dos trabalhadores de uma empresa e uma autoridade pública deveria qualificar seu caráter lícito ou ilícito, assim como a obediência à lei da maioria na aprovação da paralisação. Isso introduziria um importante mecanismo de controle da ação coletiva por funcionários do governo, reproduzido na Ley Federal del Trabajo.[67] Essa lei seria revisada ao longo dos anos. Em 1970 um novo instrumento foi promulgado (sob o mesmo nome) e outras importantes mudanças ocorreram em 1980. Mas a estrutura da lei jamais foi perdida.

Desde a reforma constitucional de 1929 a aplicação de leis trabalhistas é uma prerrogativa de autoridades administrativas locais: os departamentos de trabalho do Estado ou as *juntas locales de conciliación y arbitraje* (juntas locais de conciliação e arbitragem). Existem algumas exceções importantes, no entanto. Setores especiais da indústria, como metalurgia, têxteis, eletricidade, açúcar, mineração, petroquímica e outros; empreendimentos estatais ou companhias operando concessões federais; conflitos que afetem dois ou mais estados; as obrigações dos empregadores em se tratando de treinamento e as questões relacionadas à saúde e à segurança no trabalho, todos são jurisdições federais. Desde 1960 o art. 123 da Constituição estabelece duas outras jurisdições, a jurisdição "A", que cobre todos os trabalhadores sob a LFT; e a jurisdição "B", que regula as relações de trabalho de servidores públicos do governo federal e do Distrito Federal sob a Ley Federal de los Trabajadores al Servicio del Estado.

Na verdade, a Constituição de 1917 circunscreveu o ambiente dos direitos sociais como uma consequência direta dos acordos que surgiram a partir da revolução, daí o caráter tutelar das leis, não conquistadas diretamente dos empregadores através de conflitos no mercado de trabalho (Bizberg, 1990; Cordova, 1989; De la Garza, 1990). Assim como no Brasil durante a segunda era Vargas (1950-54) e na Argentina comandada por Perón, o *quid pro quo* entre governo e trabalho era claro e direto. Em troca de proteção legal, as associações de trabalhadores ofereciam o controle de seus membros e o apoio político para as políticas do Estado, enquanto o controle do Estado sobre o capital e as questões internas das associações trabalhistas impediam conflitos entre trabalho e capital (Bensusán, 1992).

Embora a legislação trabalhista não contemplasse formas de participação de representantes de trabalhadores na administração de companhias, sua presença em instâncias tripartites dentro do aparato do Estado e do sistema judicial foi

---

[67] O mesmo instrumento seria utilizado por Vargas no Brasil e Perón na Argentina, e as leis que regulamentam greves sempre foram um dos instrumentos mais importantes de controle sobre sindicatos.

institucionalizada e fomentada e cresceria ao longo dos anos (Bizberg, 1998). É importante marcar que, depois de 1929, com a institucionalização do partido político que governaria o país pelos próximos 70 anos, o regime político mexicano fez das organizações de camponeses e operários sua principal base de legitimidade política e apoio social. Em 1938 a Central de los Trabajadores Mexicanos (CTM) foi legalmente incorporada à estrutura do Partido Revolucionário Institucional (PRI), e os sindicatos estavam prontos a subordinar seus interesses aos da nação. Como afirmou o primeiro-secretário-geral da CTM em 1938, a federação "quer criar na vida pública de nosso país uma nova força que estará preocupada não apenas com o interesse particular dos trabalhadores, mas também com todo o conjunto de interesses do povo mexicano".[68] Essa concepção de representação de interesses sobreviveu pelas muitas décadas de mudanças econômicas e sociais da sociedade mexicana, e, até 1995, muitos sindicatos membros do Congreso del Trabajo, a mais importante central sindical do país, tinham em seu próprio estatuto a obrigação de seus membros serem filiados ao PRI (Bizberg, 1998:6).

O processo de incorporação social e política de trabalhadores no México implicava o controle rígido sobre sua ação coletiva. Nessas breves observações, é necessário apenas dizer que a revolução mexicana consolidou o padrão de representação de interesses, que pode ser chamado de "corporativismo heterônomo" e que De la Garza (1990) chamou de um "padrão de revolução" de relações contratuais entre capital e trabalho. O corporativismo heterônomo é caracterizado pelo forte controle do Estado sobre sindicatos via medidas administrativas e repressoras, incluindo a possibilidade de controle de eleições, afastamento de líderes, ratificação de greves, desistência no reconhecimento de sindicatos e assim por diante. Significa que apenas um sindicato irá representar todos os trabalhadores de uma empresa específica e que todos eles terão que se unir a esse sindicato. E significa também que os trabalhadores podem ser mobilizados por líderes para apoiar o partido oficial da revolução. O "padrão de revolução" de relações contratuais significa a regulamentação de mecanismos de contratação, promoção e demissão de trabalhadores; da designação de trabalhadores para determinados trabalhos e tarefas fixos; dos procedimentos para a negociação coletiva e determinação de salários e benefícios; dos mecanismos e formas de resolução de conflitos; do número de horas de trabalho, dos turnos noturnos, dos dias de folga e das férias; atribuição de privilégios a representantes do sindicato, entre outros.

Ambos os padrões tornaram as relações de trabalho no México formalmente rígidas, mas é consenso entre os especialistas que as leis sempre foram

---

[68] Citado por Bizberg (1999:2).

flexíveis na prática. Bensusán (1992) chamou esse sistema de "flexibilidade corporativista", o que permitiria a adaptação de todo o sistema a diferentes conjunturas sociais e econômicas (a industrialização por substituição de importações, a crise dos anos 1980 e o novo modelo de desenvolvimento baseado em exportações).[69] Para De la Garza (1998), os sindicatos restringiram sua ação ao momento de circulação da organização do trabalho, ou seja, ao mercado de trabalho, negligenciando um aspecto importante dessa organização: o momento de produção. Isso abriu o caminho para o livre-arbítrio por parte das empresas, em que os representantes dos trabalhadores colaboravam com práticas flexíveis informais como uma maneira de assegurar benefícios políticos e até econômicos de seus empregadores.

Em suma, o trabalho se consolidou no México como parte integral do regime político baseado na mobilização eleitoral das massas, cujos líderes foram incorporados ao coração da burocracia do Estado tanto como representantes em grupos tripartites designados para formular políticas públicas de todos os tipos, quanto como representantes políticos através da participação na estrutura do PRI. Todo o sistema foi baseado numa troca clara de controle dos trabalhadores por proteção legal e políticas sociais, resultando na constitucionalização dos direitos trabalhistas. Nesse cenário os empregadores também tinham seus mecanismos tripartites, as chamadas câmaras corporativistas, às quais eles tinham obrigação de se filiar (as câmaras do comércio, da indústria e de pequenas e médias empresas). Políticas industriais e econômicas no período de industrialização por substituição de importações (ISI) eram quase sempre criadas com a participação de representantes dos empregadores.

No caso da Argentina, David e Ruth Collier situam o processo de incorporação dos trabalhadores no cenário político daquele país no primeiro período de Perón no poder, primeiro como secretário de Trabalho, nomeado em 1943 após um golpe militar, e depois como presidente eleito, no período 1946-55 (Collier e Collier, 1994). Contudo, quando Perón acedeu ao poder, a Argentina já tinha um dos movimentos sindicais mais fortes da América Latina, resultante de um processo de desenvolvimento econômico que trouxe à província de Buenos Aires e a outras grandes cidades uma massa de migrantes nacionais e estrangeiros que impulsionaria o sindicalismo, que teria importante papel político e social mesmo antes de Perón. Como Roxborough (1994:307) bem apontou, "no instável mundo do trabalho, certas categorias ou grupos de trabalhadores começaram a se definir, ou a ser definidos por outros, como, em certo sentido, uma 'classe trabalhadora', e essa definição cultural teve conseqüências em relação à maneira como eles pensa-

---

[69] Ver também De la Garza (1999 e 2003), Bizberg (1998) e Dombois e Pries (2000).

vam o mundo e agiam dentro dele". Na alvorada do trabalho na América Latina, apenas no Chile e na Argentina nós encontraremos tal definição de classe.[70]

De fato, a Central Geral de Trabalhadores (CGT) foi fundada em 1930, e em 1932 enviou ao Parlamento uma série de demandas que seriam parte dos debates políticos dali por diante, incluindo redução da jornada de trabalho, seguro-desemprego, previdência social e outras medidas de bem-estar (Bergquist, 1986:154 e segs.). Entre 1932 e 1935, o Congresso argentino aprovou 27 novas leis sociais e trabalhistas, entre elas o "sábado inglês" (metade da jornada diária), férias pagas, aviso prévio e seguro-maternidade (McGuire, 1997:47). A maioria das leis permaneceria no papel, em razão da ausência de reforço por parte do Estado. Porém, mais tarde, nos anos 1930, o Departamento Nacional do Trabalho ganhou poderes de intermediar a barganha coletiva. O caráter repressivo das relações entre o Estado e as organizações dos trabalhadores começava a mudar. Analistas concordam que, depois de 1936, o movimento sindical argentino estava em movimento ascendente. Diferentemente dos casos brasileiro e mexicano, pois, quando iniciou o assim chamado "período de incorporação", o trabalho organizado já tinha forte presença social, apesar do grande racha de 1942 dentro da CGT, que opôs os novos sindicatos industriais, em sua maioria comunistas, na CGT-2, e os sindicatos anarquistas e socialistas, principalmente dos setores de serviços e transportes, na CGT-1. Isso teria conseqüências importantes para o padrão de relação entre trabalho e Estado e para a força do movimento trabalhista nos anos seguintes. Quando Perón chegou ao poder, o movimento sindical, se bem que forte socialmente, era um ator secundário na arena política, principalmente por causa de restrições à ação sindical e à negociação coletiva. Com a criação do Ministério do Trabalho em 1943, Perón formalizou os canais de consulta com representantes dos trabalhadores, trazendo-os para o interior do processo de formulação de políticas. Além disso, garantiu apoio estatal a sindicatos reconhecidos oficialmente. Os empregadores foram obrigados a negociar com sindicatos reconhecidos, e conheceram importantes derrotas. O governo passou a policiar a aplicação da lei e ampliar sua cobertura. Nova legislação passou a proteger trabalhadores e pequenos produtores rurais,[71] além de restringir as possibilidades de demissão de trabalhadores urbanos. Cortes trabalhistas foram criadas para processar demandas judiciais dos trabalhadores e o salário mínimo foi por fim instituído. Em 1945 uma nova Lei de

---

[70] O censo de 1914 registrou a existência de 383 mil trabalhadores industriais na Argentina. Em 1935 havia mais de meio milhão, subindo para mais de 1 milhão em 1946. E, em 1939, 60% das indústrias, 70% dos trabalhadores industriais e 75% dos salários da indústria estavam concentrados em Buenos Aires. Ver Rock (1991:25-26).
[71] Algo que não foi abordado no Brasil, por exemplo, e que foi a base da revolução mexicana.

Associações Profissionais pôs fim a provisos anti-sindicais criados pela ditadura que levara Perón ao poder.[72]

Essa "era de ouro" (Halperín, 1983:105) das relações entre Estado e trabalho organizado foi, também, a era da criação de mecanismos que legitimariam o controle estatal sobre os sindicatos. A Lei de Associações Profissionais permitiu ao Estado reconhecer ou não os sindicatos, dando-lhes direito de greve e poder de negociar coletivamente. Instituiu-se uma estrutura sindical centralizada e as finanças sindicais foram melhoradas com a introdução de deduções automáticas das contribuições sindicais dos salários. Ao mesmo tempo, comunistas, esquerdistas, sindicalistas e líderes independentes foram excluídos de sindicatos em setores tão importantes como têxteis, alimentícios, metalúrgicos e de calçados. Em 1946 aquelas tendências políticas tinham virtualmente desaparecido do movimento sindical argentino (Bergquist, 1986:161).

Como afirmam Collier e Collier (1994:338), as mudanças introduzidas por Perón tiveram dois efeitos imediatos: fortalecer a coesão interna do movimento sindical, ao mesmo tempo em que reduzia sua autonomia; e dar ao movimento sindical reconhecimento político e social, até ali desconhecido na Argentina. Esse processo se intensificou com a eleição de Perón em 1946. O direito de greve foi limitado e intervenções em sindicatos recalcitrantes aumentaram. A CGT, que estava sob controle total de Perón em 1950, foi usada para assumir o comando dos sindicatos não-peronistas, e em 1954 praticamente todos os grandes sindicatos argentinos tinham sofrido intervenção, estando, agora, nas mãos da CGT, ou do peronismo. Ao mesmo tempo, como compensação pelo controle dos sindicatos, em 1947 foram aprovados os "direitos do trabalhador", incluídos na Constituição em 1949. Em 1948 mais de 1,5 milhão de trabalhadores estavam sindicalizados e em alguns setores essa taxa chegava a 70% (Torre e De Riz, 1991:82).

Depois de sua reeleição, em 1951, Perón fortaleceu a fachada corporativista do regime e em 1952 criou a Confederación General Económica (CGE), incorporando empregadores em comitês tripartites para a criação de políticas. Mas essa medida não iria sobreviver depois que ele deixou o poder, em 1955.

Ao contrário dos revolucionários mexicanos e, em parte, Vargas no Brasil, Perón não institucionalizou o peronismo como um partido. Sua base de apoio foi, sempre, o sindicalismo, e os militares que tiraram Perón do poder em 1955, assim como todas as forças políticas posteriores, nunca conseguiram se livrar do caráter peronista da CGT, que estaria na base da aliança que permitiu a eleição de Carlos Menem em 1989.

---

[72] Os militares tinham abolido a CGT-2 esquerdista, proibiram a participação dos sindicatos na vida política e restringiram outras atividades sindicais, especialmente greves. Ver McGuire, 1997:51-52.

Essas linhas gerais do sistema de relações de trabalho na Argentina não sofreriam grandes mudanças até o início dos anos 1990, apesar das duras ações anti-sindicais do regime militar na década de 1970. O modelo mexicano começaria a mudar apenas no atual século. E no Brasil a Constituição de 1988 introduziu algumas mudanças na estrutura dos sindicatos, livres do controle do Estado, e também expandiu consideravelmente a constitucionalização dos direitos trabalhistas, que só começaram a ser mudados 10 anos depois. Os três países consolidaram seus sistemas de relações de trabalho em conjunto com o processo de desenvolvimento econômico baseado na substituição de importações, dirigida pelo Estado. Perón, Vargas e os incumbentes mexicanos fortaleceram ou controlaram as organizações dos trabalhadores no mesmo momento em que expandiram as burocracias estatais, subsidiaram indústria e agricultura, criaram empresas estatais em setores estratégicos, controlaram o investimento estrangeiro, fecharam os mercados internos à competição etc. As burocracias estatais foram, de longe, os principais agentes nesses arranjos. O desenvolvimentismo como razão de Estado queria dizer precisamente isso, crescimento econômico com paz social, e essa foi possível pelo controle mais ou menos violento, mais ou menos inclusivo, das demandas dos trabalhadores, dependendo de conjunturas.

Em suma, essas características configuram o que foi denominado, em outro lugar (Cardoso, 2000, conclusão), a "promessa integradora" da economia capitalista na América Latina, tal como consubstanciada por sua instituição inclusiva mais importante, o mercado de trabalho. Os trabalhadores e seus representantes foram, primeiro, forçados, mas em seguida mostraram-se dispostos a trocar autonomia organizativa por proteção social pela lei. Com o passar do tempo, abriram mão de ganhos no mercado de trabalho em favor de segurança socioeconômica garantida pelo Estado. Esse foi um claro *quid pro quo* no México desde sempre, no Brasil de 1950 a 1964, e na Argentina sob Perón ou sob governos peronistas.

A era neoliberal, iniciada nos anos 1980 no Chile e no México, e estendida a quase todos os países do continente nos anos seguintes, trouxe insegurança socioeconômica para uma vasta maioria da população da região. De acordo com o estudo Latinobarômetro de 2003, 63% dos brasileiros, 55% dos argentinos e 53% dos mexicanos estavam com medo de perder seu emprego nos próximos 12 meses. Especialmente no Brasil e na Argentina, políticas públicas liberais não levaram em conta a natureza mesma dos instrumentos que contribuíram para galvanizar, mesmo que precariamente, a coesão social ao longo da história. A inclusão das massas trabalhadoras na dinâmica social e no regime político deu-se por meio da regulação do trabalho, isto é, as garantias legais que estabilizaram as expectativas dos trabalhadores deram-lhes voz na arena política, garantiram algum conforto no desemprego (um conforto decorrente do fato de que se é trabalhador, não de caridade), garantiram proteção social para eles e suas famílias e assim por diante. É verdade que o mercado formal de trabalho nunca incluiu todos. A informalidade e a insegurança estão presentes em todo o continente. Mas o que queremos marcar aqui é que a "expectativa" de inclusão jogou, sempre, um papel inclusivo. Sobretudo, em razão das altas taxas de rotatividade que caracterizam nossos mercados de trabalho, aquela expectativa era vez por outra cumprida, e trabalhadores informais experimentariam períodos mais ou menos longos de relações formais de trabalho. Isso, de nosso ponto de vista, fez do mercado formal de trabalho e de sua regulação, incluindo-se aqui o sindicalismo, uma das mais importantes, senão a mais importante instituição de coordenação de expectativas e de vertebralidade de nossas sociedades, principalmente nos três países confrontados aqui. Nunca fomos sociedades pós-industriais. Ainda dependemos de trabalho duro para assegurar nossa sobrevivência. O trabalho ainda é um elemento central na biografia da vasta maioria da população da região. A desregulamentação das relações de trabalho significou a quebra da promessa integradora da economia capitalista formal, algo que na Argentina foi muito mais do que simples promessa. A quebra se deu pela retirada, do horizonte de perspectivas dos trabalhadores, da expectativa por um trabalho decente para uma vida digna.

Nosso modelo legislado de relações de classe, pois, é bastante complexo, combinando uma infinidade de normas de regulação das relações individuais e coletivas que capital e trabalho estabelecem entre si e com o Estado, e uma miríade de instituições cuja missão é garantir que as normas sejam cumpridas, ou que o direito do trabalhador seja assegurado. Analisaremos algumas dessas instituições nos próximos capítulos para aquilatar se, e até que ponto, os agentes por elas afetados tomam-nas como um sistema de referências recíprocas, de tal maneira que, em sua constituição complexa, o sistema tenha vigência real no mundo.

2

Desenho e desempenho do sistema de vigilância e aplicação das normas trabalhistas

Introdução

Como dissemos anteriormente, um dos aspectos negligenciados pela literatura a respeito dos efeitos da regulação trabalhista sobre a eficiência dos mercados de trabalho é o grau de efetividade da lei, isto é, sua vigência real no cotidiano das relações de trabalho.[73] Do ponto de vista estrito da gestão do negócio, cumprir ou não a legislação trabalhista é uma decisão racional de custo/benefício do empreendedor individual. Se o empregador considera que os custos trabalhistas são muito altos, ele pode decidir correr o risco de não pagá-los. Essa decisão leva em conta uma síndrome de condicionantes. O risco, obviamente, é uma função direta da probabilidade de ele ser apanhado burlando a lei e da sanção (ou os custos financeiros e por vezes pessoais) em que incorrerá pelo não-cumprimento. A estrutura (simplificada) de oportunidades do empregador pode ser apreendida pelo quadro a seguir. Na linha encontra-se o risco de ser apanhado burlando a lei e de ser efetivamente sancionado (risco alto ou baixo). Na coluna, o montante relativo (tendo em vista os custos de não se cumprir a lei) da pena que lhe será aplicada (também alto ou baixo).

Estrutura de oportunidades de cumprimento da legislação trabalhista

		Montante relativo da sanção	
		Alto	Baixo
Risco de ser apanhado e sofrer sanção	Alto	1. Cumprir	3. Não cumprir
	Baixo	2. Não cumprir	4. Não cumprir

---

[73] Versão reduzida deste capítulo apareceu pela primeira vez em *Dados, Revista de Ciências Sociais*, v. 44, n. 3. Rio de Janeiro: Iuperj, 2005.

Da combinação dessas possibilidades temos quatro resultados típicos:

- o empregador cumpre a lei, porque a sanção é considerada alta o suficiente para tornar racional evitá-la e o risco de ser pego e punido é também alto o suficiente para ser crível (digamos, significativamente superior a 50%);
- o empregador não cumpre a lei porque, embora a sanção por não cumpri-la seja alta, a probabilidade de ser apanhado é muito baixa (por exemplo, significativamente inferior a 50%);
- se o risco de ser pego é alto, mas a sanção é considerada pequena o bastante para tornar racional sofrê-la em lugar de incorrer nos custos trabalhistas, a lei não será cumprida;
- finalmente, se a sanção for baixa e o risco de ser pego também, a lei tampouco será cumprida.

Note-se que, nesse quadro, os custos trabalhistas estão pressupostos no montante relativo da sanção. Ainda do ponto de vista da gestão do negócio, a sanção é alta ou baixa "por comparação" com os custos monetários de se cumprir a lei. A estrutura de oportunidades descrita acima só faz sentido, pois, em uma situação em que os custos trabalhistas são considerados suficientemente altos tendo em vista a planilha de custos e lucros projetados da empresa, numa situação de competição de mercado em que as outras empresas encaram a mesma estrutura de oportunidades.

Esse quadro esquemático é útil, sobretudo, por mostrar que a estratégia dominante é o não-cumprimento da legislação. Empresários racionais defrontados com custos do trabalho considerados suficientemente altos tenderão a não assumi-los, a menos que as sanções sejam maiores do que esse custo e que a probabilidade de ser pego e sancionado seja suficientemente crível. Qualquer outra combinação de fatores será um incentivo ao não-cumprimento da lei. Logo, a variável decisiva aqui é "o efeito de interação" entre o custo de não cumprir e a probabilidade de ser apanhado e punido. A literatura que trata da relação entre custos trabalhistas e dinâmica dos mercados de trabalho negligencia esse aspecto central para as estratégias empresariais, que é a efetividade da lei, resultante de uma estrutura de oportunidades em que "a probabilidade de ser pego" por não cumpri-la é decisiva.

A sanção por não-cumprimento da legislação trabalhista pode vir de várias fontes, não necessariamente do poder público. Nos novos modelos de gestão da produção, por exemplo, em que a qualidade do produto final depende da coordenação de várias empresas numa cadeia produtiva, as empresas contratantes podem exigir de suas contratadas a adesão a padrões de qualidade (do tipo International Organization for Standardization — ISO), que exigem condições dignas de trabalho e, por vezes, remuneração.[74] Do mesmo modo, empresas que operam no mercado internacional têm interesse em certificação de qualidade, o que tem efeitos por vezes positivos sobre as condições de trabalho. Normas do mercado internacional também são um incentivo para se cumprir a lei. Os governos impõem barreiras a produtos de países que exploram o trabalho infantil ou escravo. Alegam *dumping* social contra países que remuneram mal a força de trabalho. Exigem atestados de adesão à legislação trabalhista para a aceitação de empresas em concorrências públicas. Mais e mais distribuidores (supermercados) estão adotando a norma de *fair trade* com países do Terceiro Mundo, impondo barreiras brancas via relações preferenciais com países que seguem as normas internacionais. Em alguns países, como o Brasil, grandes empresas devem, por lei, manter sistemas de saúde e segurança no trabalho, além de comissões de prevenção de acidentes. Por outro lado, os sindicatos também podem ter papel decisivo no aumento dos custos de não se cumprir a lei. Todos esses incentivos, porém, voltam-se para nichos de mercado, de difícil generalização para toda a economia. Em geral, incidem sobre empresas de grande porte, com sindicalismo consolidado e penetração no mercado internacional de produtos ou serviços.

Brevíssimo histórico

Desde que a OIT editou, em 1947, sua Convenção nº 81 regulando a inspeção do trabalho, em países de tradição de relações de trabalho reguladas por lei e não por contratos (como Brasil, Argentina e México, por exemplo), a probabilidade de ser pego e sancionado por descumprir a lei depende em grande medida do desenho dos sistemas nacionais de inspeção e vigilância do trabalho.[75] No caso brasileiro esse sistema inclui três agentes principais:

---

[74] É verdade que o contrário é bastante comum, na verdade típico em algumas cadeias de produção, como a química (Silva e Rizek, 1997), a têxtil (Costa, 2002), a de construção civil analisada mais adiante neste livro e a de produtos de linha branca, como fogões e geladeiras (Gitahy, 1997). Na indústria automobilística, em razão de acidentes graves decorrentes de falhas de controle de qualidade nas empresas terceirizadas, a transferência de padrões tecnológicos e de qualidade vem melhorando as relações de trabalho nas franjas da cadeia produtiva (Carvalho, 2001; Marx, Salerno e Zilbovicius, 2003), sem contudo ser suficiente para obrigar as terceiras à adequação à lei.
[75] Até o momento da redação deste livro a Convenção nº 81 fora ratificada por 133 países, a Armênia tendo sido o último país a fazê-lo, em dezembro de 2004.

❑ o poder público, por meio do MTE e suas DRTs;
❑ o MPT, que foi dotado de instrumentos de inspetoria a partir da combinação das ações civis públicas (Lei nº 7.347/1985) e a definição constitucional de sua função;
❑ os sindicatos de trabalhadores e entidades da sociedade civil.

O objetivo deste capítulo é investigar a atividade do primeiro desses agentes, o MTE, avaliando a eficiência (em termos dos meios empregados na inspeção), a eficácia (tendo em vista os objetivos visados) e a efetividade (ou o grau de abrangência) da ação fiscal. A pergunta a ser respondida aqui é bastante direta: tendo em vista que a efetividade da legislação trabalhista depende do efeito de interação entre o montante das sanções e a probabilidade de o empregador ser apanhado burlando a lei, e tendo em vista que a efetividade da lei é aspecto decisivo para a real mensuração dos custos trabalhistas de um país, em que medida o sistema de inspeção do trabalho no Brasil está desenhado para cumprir seu objetivo, que é o de fazer cumprir a lei? Para responder a essa pergunta, constrói-se primeiro um breve histórico do sistema brasileiro de inspeção do trabalho. Em seguida, descreve-se o sistema em detalhe, mostrando a estrutura responsável pela inspeção, suas prerrogativas e poderes. A terceira seção trata dos resultados materiais do funcionamento do sistema, isto é, avaliam-se sua eficácia, eficiência e efetividade. Por fim, resumem-se os achados, mostrando que o sistema vem melhorando, mas que não cumpre o objetivo maior que talvez lhe coubesse, que é o de reduzir a taxa de ilegalidade das relações de trabalho no país, aumentando o número de empresas e trabalhadores incluídos no mundo do trabalho regulado.

Herança do período varguista, historicamente coube ao MTE processar as múltiplas dimensões da regulação das relações entre capital e trabalho no Brasil. Sua denominação mudou ao longo das décadas, é claro, e até bem longe na década de 1960 era denominado Ministério do Trabalho, Indústria e Comércio (MTIC), numa remissão ao fato de que fora criado por Vargas para harmonizar as relações entre os "parceiros sociais". Tornou-se Ministério do Trabalho e Previdência Social (MTPS) nos anos 1960, Ministério do Trabalho (MTb) nos anos 1980 e MTE no último quarto da década de 1990.

Assim como o MTE, o sistema de vigilância e inspeção do trabalho no Brasil passou por diversas fases ao longo de sua história, cuja origem pode ser delimitada em 1930, ano da criação do MTIC pelo governo Getúlio Vargas. O próprio período varguista não pode ser tomado como uma fase única, uma vez que, à regulação que foi aos poucos sendo criada ou modificada a partir da que já existia adicionou-se muito lentamente o aparato de fiscalização e repressão ao trabalho ilegal e/ou de incentivos para a adesão dos empresários à nova regulação.

A literatura sobre o tema é relativamente consensual ao mostrar, primeiro, a resistência empresarial em adotar a legislação trabalhista instituída pouco a pouco pelo governo Vargas[76] e, em segundo lugar, a sempre resistente, porém gradual, adesão do empresariado à regulação, em parte porque ela se mostraria adequada à acumulação capitalista (Oliveira, 1972) e, em parte, por pressão do próprio governo Vargas, sobretudo no qüinqüênio final de seu primeiro termo no poder (1930-45), quando, em busca de apoio à sua pretensão de se perpetuar no cargo, acenaria aos trabalhadores urbanos com vários benefícios corporativos, entre eles a ampliação da cobertura da legislação trabalhista e a fiscalização da obediência à lei por parte das empresas.

O sistema de incentivos para a formalização das relações de trabalho restringiu-se, quase sempre, a multas para os casos desviantes, aos quais se chegava por denúncias dos trabalhadores ou sindicatos e, mais ordinariamente, por meio de visitas "incertas" por parte do poder público, isto é, os fiscais do Ministério do Trabalho. Contudo, ainda sob a ditadura varguista, incentivos positivos não-monetários foram oferecidos aos empregadores que aderissem à ordem corporativa e à regulação do mercado de trabalho, como, por exemplo, a participação nos mecanismos bipartite de formulação da política industrial, o acesso a financiamento público e a preferência em concorrências públicas (Diniz e Boschi, 1978). De modo geral, pode-se dizer que uma maior adesão dos empregadores à legislação trabalhista no mercado de trabalho urbano é evidência importante da implantação da ordem corporativa no período ditatorial varguista.[77]

Evidência tão importante quanto essa foi de que o sistema de regulação do mercado de trabalho não caiu com Vargas, como é sabido. Ao contrário, depois da promulgação da CLT em 1943, as normas de ordenamento das relações entre capital e trabalho revelar-se-iam longevas e, em certo sentido, disseminadas no mercado de trabalho urbano. É provável que, naquelas atividades em que o trabalho regulado era exigido, relacionadas com o emprego industrial urbano, a taxa de formalização das relações de trabalho fosse bastante alta, e talvez tenha ultrapassado os 50% já em meados da década de 1950 (Lobo, 2005).

A Convenção nº 81 da OIT, que regulamenta a inspeção do trabalho na indústria e no comércio, foi aprovada em 1956 por meio de decreto legislativo e promulgada em junho de 1957 pelo presidente Juscelino Kubitschek (Decreto nº

---

[76] Ver, entre outros, Vianna (1999), Almeida (1978), Gomes (1988), Rodrigues (1977) e Moraes Filho (1952).
[77] Mas é importante marcar que a resistência empresarial à legislação nunca deixou a cena trabalhista brasileira. Ver o apanhado histórico proposto por French (2004).

41.721). Contudo a primeira regulamentação sistemática da atividade data de 1965, ano da edição do Decreto Presidencial nº 55.841, que instituiu o Regulamento de Inspeção do Trabalho (RIT).[78] Tudo indica que a edição desse regulamento respondeu à necessidade de os governos militares estarem em dia com as convenções e determinações da OIT, que em 1947 editara sua Convenção nº 81. Não por acaso, em 1971 o governo Garrastazu Médici denunciou a convenção por meio do Decreto Presidencial nº 68.796, que seria revogado apenas em novembro de 1987.

Com a democratização dos anos 1980 abriu-se a possibilidade de pressão aberta dos agentes sociais sobre os mecanismos de inspeção. Em 1986, a adoção das ações civis públicas (Lei nº 7.347/85) institucionalizou essa possibilidade, já que a lei permite a determinados agentes coletivos (como os sindicatos e as centrais sindicais, mas sobretudo o MPT, a partir da Constituição de 1988) ajuizar ações de tutela de direitos coletivos (é o caso dos direitos do trabalho) e direitos difusos. Isso abre, em tese, a possibilidade de intervenção mais eficaz dos representantes de trabalhadores sobre suas próprias condições de trabalho. Ainda assim, como a inspeção sempre se baseou em multas como instrumento de persuasão, perdeu muito de sua eficácia com o recrudescimento do processo inflacionário depois de 1979, que corroeu rapidamente os montantes das multas, cujo reajuste só podia ser feito por meio de mudança na CLT e dependia dos humores do jogo parlamentar.[79]

Para que se tenha uma idéia da ineficácia das multas como mecanismo de incentivo negativo em períodos inflacionários, a multa típica em setembro de 1989 era de R$ 70 por trabalhador. Considerando que o salário mínimo naquele mesmo mês era de R$ 231 em valores de dezembro de 2002, e que, por isso, a indenização por demissão de um trabalhador formal após um ano de trabalho superaria os R$ 700, vê-se que a multa não era uma injunção econômica relevante, mesmo se o empresário fosse multado por várias infrações ao mesmo tempo. Qualquer conjunto de multas que não chegasse a 10 por trabalhador representava um incentivo para que a lei não fosse cumprida. A atualização monetária e sua indexação pelo Bônus do Tesouro Nacional (BTN) em fins de 1989 reduziram esse conjunto a três multas por trabalhador, ainda assim um incentivo importante para o não-cumprimento, tanto maior quanto mais tempo durasse o contrato de trabalho. Até porque a prescrição atinge o direito dos trabalhadores, tornando indevida a cobrança de lesões ocorridas há mais de cinco anos. Repetimos: por força da prescrição só são devidos os direitos sonegados nos últimos cinco anos, independentemente de

---

[78] Até então a atividade era regulada pela CLT e por instruções normativas e decretos do MTPS.
[79] Atualmente as multas são definidas por meio de atos administrativos do MTE, caso da Portaria nº 290, de abril de 1997, que fixou os valores ainda em vigência, apresentados no capítulo anterior.

terem sido lesados por lapso de tempo maior. Exemplificamos: se num contrato de oito anos o trabalhador nunca recebeu o 13º salário, só obterá na Justiça condenação ao pagamento do devido nos últimos cinco anos, fulminado por prescrição o que ocorreu anteriormente. E é bom marcar que, se a década de 1980 foi especialmente inflacionária no Brasil, a inflação marcou desde sempre a economia brasileira, corroendo os valores das multas ao longo das décadas e reduzindo sua eficácia.

Nos anos 1990 a inspeção do trabalho voltou a ganhar centralidade, sobretudo no final da década. A principal inovação veio com a tentativa de se instituir a negociação em principal meio de solução de conflitos trabalhistas e também de pendências decorrentes da inspeção do trabalho.[80] Assim, em julho de 1999 o MTE baixou uma instrução normativa regulamentando a constituição de "mesas de entendimento" para o caso de as fiscalizações do trabalho não resultarem em reparo imediato por parte do empregador. Essa instrução seria substituída por outra, de maio de 2001, com o primeiro artigo assumindo a seguinte redação:

> Poderá ser instaurado o procedimento de Mesa de Entendimento pelo Auditor Fiscal do Trabalho — AFT, visando a compelir o empregador a sanear irregularidades de difícil solução durante a ação fiscal ou pela Chefia da Fiscalização, para atender o planejamento das ações fiscais.

As mesas de entendimento devem ser comandadas pelo chefe de fiscalização ou pelos próprios auditores fiscais, por delegação daquele, e os auditores podem convocar outros auditores para compor suas mesas. Os auditores podem convocar, também, entidades sindicais dos agentes envolvidos, mas não estão obrigados a fazê-lo. A instalação de uma mesa de entendimento deve ser comunicada ao delegado regional do trabalho. A instrução normativa fixa prazos para a duração das mesas e outros procedimentos relevantes, porém dando liberdade de ação aos auditores fiscais na condução dos trabalhos, desde que informado o delegado regional do trabalho. Não se sabe, ainda, o impacto das mesas na eficácia do sistema, mas veremos que as estatísticas agregadas de inspeção do trabalho não sofreram grandes mudanças nos últimos anos, com exceção daquelas sobre recolhimento do FGTS. Vejamos, muito brevemente, o desenho do sistema de inspeção do trabalho no Brasil.

---

[80] Vale mencionar aqui a instituição das comissões de conciliação prévia (CCPs), instâncias obrigatórias por onde deveriam passar as demandas trabalhistas antes de ir à Justiça do Trabalho. A CCP da construção civil da cidade do Rio de Janeiro será analisada no capítulo 4.

O desenho da inspeção do trabalho

A CF/88 estabelece, em seu art. 21, que compete à União organizar, manter e executar a inspeção do trabalho. O Regulamento de Inspeção do Trabalho (RIT) é, hoje, o Decreto nº 4.552, de dezembro de 2002, regulamentar da Lei nº 10.593, dos mesmos mês e ano. São normas recentes que reafirmam o compromisso do país com a fiscalização das relações de trabalho, em conformidade com a Convenção nº 81 da OIT. O novo regulamento firmou a terminologia "auditor fiscal do trabalho" em substituição a "inspetor do trabalho",[81] para indicar o agente da inspeção do trabalho. Das mais importantes inovações desse regulamento é a ampliação da autonomia dos auditores, alcançada por sua subordinação diretamente à autoridade nacional.[82] Isto é, embora haja uma DRT em cada estado da Federação, e um delegado regional do trabalho nessas unidades administrativas, a subordinação "técnica" dos auditores se dá com a autoridade nacional, a Secretaria de Inspeção do Trabalho (SIT). Essa secretaria é dividida em dois departamentos. O de Inspeção do Trabalho (Defit) planeja e normatiza as ações de fiscalização da legislação trabalhista; o de Segurança e Saúde do Trabalhador (DSST) coordena e normatiza as ações de fiscalização das normas de segurança e saúde no trabalho.

A estrutura atual do MTE pode ser apreendida observando-se o organograma da figura 1. A SIT é uma das quatro secretarias executivas subordinadas diretamente ao gabinete do ministro. É, portanto, parte do segundo escalão burocrático do governo federal, e seu ocupante é nomeado diretamente pelo ministro. Além disso, trata-se de secretaria muito prestigiada e politicamente estratégica, em razão de sua ramificação por todo o território nacional através das DRTs (27 ao todo), que se dividem em subdelegacias (114 no país) e, essas, em agências de atendimento (480 no total). Note-se que as DRTs estão ligadas diretamente ao gabinete do ministro. São elas as responsáveis pela execução das políticas formuladas no âmbito da SIT.

---

[81] A função de inspeção do trabalho, segundo o antigo regulamento, compreendia os cargos de fiscal do trabalho, assistente social, engenheiro de segurança no trabalho e médico do trabalho. Ver Medida Provisória nº 1.971-11, de 2000, que extinguiu esses cargos, reunindo as funções sob a denominação "auditor fiscal do trabalho".
[82] Decreto nº 4.552/02, art. 3º: "Os auditores fiscais do trabalho são subordinados tecnicamente à autoridade nacional competente em matéria de inspeção do trabalho".

Figura 1
Organograma do Ministério do Trabalho e Emprego (2004)

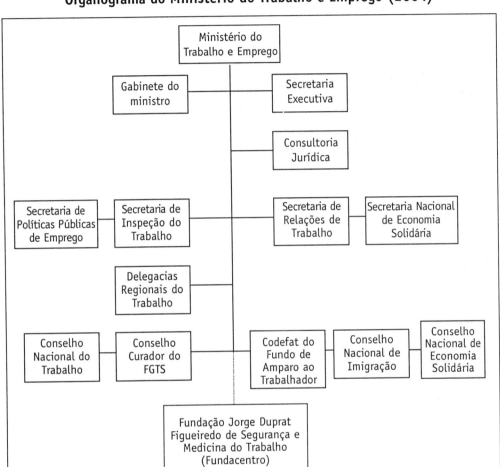

Fonte: MTE (2004).

A tabela 9 mostra a evolução dos gastos do MTE nos últimos anos, bem como de sua participação no Orçamento Geral da União (OGU) e no orçamento dos ministérios em particular.[83] Tomando-se o orçamento da União como um todo,

---

[83] Os dados da tabela referem-se ao orçamento efetivamente executado em cada ano, deflacionado pela inflação acumulada média do ano, deflator construído com base no Índice Nacional de Preços ao Consumidor. Para 2003 a execução estava fechada até setembro no momento em que os dados foram coligidos a partir do endereço eletrônico da Câmara dos Deputados.

a participação do MTE parece bastante acanhada, atingindo um máximo de 0,33% do total em 2003, embora os dados para este ano ainda não estivessem totalmente liquidados. Os dados também sugerem uma trajetória ascendente de participação a partir de 1998, quando se atingiu o ponto mais baixo de presença do MTE nos gastos totais, de 0,14%. A participação no orçamento geral *dos ministérios* também foi muito pequena em termos relativos, com pico de 1,16% em 2003, ou 7% se considerarmos o Fundo de Amparo ao Trabalhador (FAT). Note-se que, com o FAT, o orçamento consolidado do MTE vem aumentando sua participação relativa, que saltou de 5,8% para 7% em nove anos.

Tabela 9
Orçamento de investimento do MTE e participação no OGU e no orçamento dos ministérios (1995-2003)

Ano	Ministério do Trabalho	Fundação Jorge Duprat	FAT	Total	Deflator (INPC médio do ano)
1995	1.099.553.228	32.737.644	9.015.851.714	10.148.142.586	0,57328
1998	1.105.748.457	76.690.048	11.859.096.374	13.041.534.880	0,63063
2001	1.625.494.079	61.776.345	13.427.465.653	15.114.736.078	0,75494
2003*	2.878.648.569	38.693.798	14.631.865.113	17.549.207.480	0,97304
Participação no OGU (%)	Ministério do Trabalho	Fundação Jorge Duprat	FAT	Total	
1995	0,26	0,01	2,16	2,43	
1998	0,14	0,01	1,5	1,64	
2001	0,21	0,01	1,75	1,97	
2003	0,33	0	1,68	2,02	
Participação no orçamento dos ministérios (%)	Ministério Trabalho	Fundação Jorge Duprat	FAT	Total	
1995	0,63	0,02	5,18	5,83	
1998	0,5	0,03	5,37	5,9	
2001	0,65	0,02	5,37	6,04	
2003	1,16	0,02	5,9	7,08	

Fonte: <www.camara.gov.br/internet/orcament/Principal/exibe.asp?idePai=2&cadeia=0@>.
*Dados consolidados até setembro de 2003.

Na análise desses dados é preciso considerar que, no OGU e no orçamento dos ministérios, encontra-se a Previdência Social, que consome, sozinha, perto de metade do orçamento ministerial total e quase 14% do OGU. Sem contar com a Previdência, o MTE participava com cerca de 14% do orçamento dos ministérios em 2003 e estava em quarto lugar na dotação geral, aparecendo depois dos ministérios da Previdência, da Saúde e da Defesa e estando na frente inclusive do Ministério da Educação, com o qual alternou de posições algumas vezes nos últimos anos.[84] Outro ponto a se levar em conta é o de que o FAT, embora seja gerido por um conselho curador amplo, que inclui membros de outros ministérios, além de representantes de capital e trabalho, tem a maior parte de suas políticas formuladas diretamente pelo MTE. Vale mencionar, entre as mais importantes, a política nacional de qualificação de mão-de-obra, um dos carros-chefes da política de emprego do governo Fernando Henrique Cardoso, e o seguro-desemprego, que consome o maior volume de recursos do FAT (Lemos, 2003).

Analisando-se mais detidamente o orçamento do MTE de 2003, desagregado por unidade orçamentária e por função,[85] descobre-se que 38% dos recursos foram gastos com pessoal, considerando-se os servidores ativos e os inativos. As atividades-fim, ou seja, os gastos com investimentos propriamente ditos, não chegaram a 2% do total. É claro que pagamento de pessoal contempla uma parte significativa das atividades-fim, tal como a fiscalização do trabalho, já que essa implica a atuação direta dos fiscais junto às empresas. Além disso, cerca de 32% dos gastos com atividades-fim das secretarias couberam à SIT em 2003. Em 1995 esse montante fora de 22%, ou seja, nos últimos oito anos, entre um quarto e um terço dos gastos com investimentos voltaram-se diretamente para a atividade de fiscalização. A inspeção do trabalho, pois, tem lugar de destaque no organograma e nos gastos do MTE.

Em conformidade com as normas da OIT, a função fiscalizadora tem por objetivo promover o cumprimento da legislação. O poder de polícia autoriza o auditor fiscal a "expedir notificações, embargar obras, interditar estabelecimentos, setores de serviços, máquinas ou equipamentos e, se necessário, lavrar autos de infração, que são instrumento prévio para imposição de multa administrativa".[86] Tais providências são propostas pelo auditor fiscal ao delegado regional, que decidirá, assinalando o prazo para cumprimento.[87] A fiscalização atua

---

[84] O aumento da participação do MTE no OGU foi algo artificial em 2003, em razão da Lei Complementar nº 110, de 2001, que obrigou o Estado a ressarcir os titulares de contas do FGTS das perdas de planos econômicos passados. Esses recursos (R$ 1,7 bilhão) saíram do FAT.
[85] O orçamento da União, de onde foram extraídos esses dados, pode ser encontrado no site da Câmara dos Deputados: <www.camara.gov.br/internet/orcament/principal>.
[86] Estas informações estão em Silva (2002).
[87] CLT, art. 161: "O Delegado Regional do Trabalho, à vista de laudo técnico do serviço competente que demonstre grave e iminente risco para o trabalhador, poderá interditar estabelecimento, setor de serviço, máquina ou equipamento, ou embargar obra, indicando na decisão, tomada com a brevidade que a ocorrência exigir, as providências que deverão ser adotadas para prevenção de infortúnios do trabalho".

em todo o território nacional, em todas as empresas privadas urbanas ou rurais, bem como nas empresas estatais que têm empregados.[88] Em tese, também os escritórios dos profissionais liberais, as instituições filantrópicas, as associações recreativas e outras instituições sem fins lucrativos que têm empregados estão sujeitos à fiscalização, inclusive o trabalho doméstico. Mas veremos que isso não é viável.

São três as principais funções do auditor fiscal do trabalho:

- fiscalização;
- orientação e assessoramento dos parceiros sociais;
- informação à autoridade competente sobre abusos cometidos nas relações de trabalho e deficiências na legislação que dificultam a repressão a esses abusos. Os auditores desempenham funções administrativas, direção, chefia ou assessoramento, análise de processo de constituição de multas administrativas e de constituição do débito do FGTS, assistência ao empregado na rescisão do contrato de trabalho, mediação etc.

Os auditores atuam na área geográfica da agência, subdelegacia ou delegacia onde estão lotados; cumprem ordens de serviço que indicam a empresa que devem fiscalizar, mas podem ter iniciativa da fiscalização. A distribuição dos auditores fiscais pelas diferentes áreas de inspeção da mesma circunscrição[89] obedecerá ao sistema de rodízio, efetuado em sorteio público, vedada a recondução para a mesma área no período seguinte (Regulamento da Inspeção do Trabalho, Decreto nº 4.552/02, art. 5º). A permanência máxima do auditor em cada localidade é de 12 meses. Há algumas exceções a essa regra, como, por exemplo, em caso de risco grave e iminente à saúde e à segurança dos trabalhadores, quando o auditor atuará independentemente de sua jurisdição (parágrafo único do art. 20, Decreto nº 4.552/02, RIT). No entanto a mera existência de violação a preceito legal impõe o dever de comunicar à autoridade competente.

---

[88] A competência do auditor fiscal, quando o empregador faz parte da administração pública — União, estados, municípios, autarquias e fundações públicas — se dá quando há empregados, ou seja, quando há contrato de trabalho regido pela mesma legislação que rege o trabalho subordinado nos contratos privados. As empresas de economia mista e as empresas públicas têm regime de contratação trabalhista privado e, portanto, estão sujeitas à fiscalização.
[89] RIT, Decreto nº 4.552/02, art. 4º: "Para fins de inspeção o território de cada unidade federativa será dividido em circunscrições, e fixadas as correspondentes sedes". As DRTs, uma em cada estado-membro da Federação, e, portanto, num total de 27, coincidem com as circunscrições de que fala esse artigo. Cada DRT pode comportar subdelegacias e agências.

O ingresso no cargo de auditor fiscal do trabalho se dá mediante aprovação do candidato em concurso público de provas, aberto a portador de diploma de curso superior. A nomeação para as áreas de segurança e medicina do trabalho exige, além da aprovação em concurso, comprovação de especialização — pós-graduação — em instituições reconhecidas oficialmente. Os delegados regionais do trabalho — cargo mais alto nas DRTs — são nomeados por indicação política e não pertencem necessariamente à carreira de auditor fiscal do trabalho. Cabe-lhes aplicar as multas com base nos autos de infração lavrados pelos auditores fiscais.[90]

Os auditores são contratados pelo Regime Jurídico Único dos Servidores da União, regime estatutário no qual os salários são fixados em lei e há garantia de estabilidade. A carreira está estruturada em três classes (A, B e especial) e, em cada uma, há quatro padrões de salários (I a IV). O ingresso se dá na categoria A-I, sendo "especial-IV" o topo da progressão salarial. Sobre o salário básico incidem duas gratificações: a Gratificação de Atividade Tributária (GAT), correspondente a 30% sobre o salário básico (ou 25% sobre o maior salário básico, ou seja, o nível IV da classe especial); e a Gratificação de Incremento da Fiscalização e da Arrecadação (Gifa), correspondente a 45% do maior salário básico do cargo. A Gifa comporta uma parcela relativa ao desempenho do auditor individual (um terço) e outra relativa ao desempenho global do sistema (dois terços).

Segundo dados do MTE, o salário de um auditor fiscal em início de carreira pode chegar a US$ 2.490 por mês, e a US$ 3.289 no caso do nível mais alto da hierarquia funcional.[91] Esses valores são aproximados, já que o que se recebe efetivamente ao mês depende do desempenho individual e do sistema como um todo. As metas de arrecadação que servem de base às gratificações são definidas nos planos plurianuais do governo federal, que têm duração de quatro anos. A tabela 10 mostra o número de fiscais por unidade da Federação (UF) com dados de junho de 2004. Esses dados serão analisados mais adiante, em conjunto com outros retratando os resultados da fiscalização.

---

[90] Essa atividade (de aplicar multas) é ato vinculado, ou seja, o delegado tem poder/dever de aplicar as multas e não tem autonomia para impedir o curso do processo administrativo automaticamente instalado pelo protocolo do auto de infração. No entanto o ministro do Trabalho tem poder de "avocar" o processo, isto é, retirá-lo das instâncias administrativas inferiores para exame e decisão.
[91] Dados do MTE (2004:5), em dólares de julho de 2004.

Tabela 10
Número de auditores fiscais do trabalho por UF (2004)

Unidade da Federação	Fiscais	Unidade da Federação	Fiscais
AC (Acre)	12	PB (Paraíba)	52
AL (Alagoas)	43	PE (Pernambuco)	147
AM (Amazonas)	40	PI (Piauí)	56
AP (Amapá)	12	PR (Paraná)	143
BA (Bahia)	127	RJ (Rio de Janeiro)	316
CE (Ceará)	146	RN (Rio Grande do Norte)	56
DF (Distrito Federal)	90	RO (Rondônia)	25
ES (Espírito Santo)	91	RR (Roraima)	11
GO (Goiás)	84	RS (Rio Grande do Sul)	193
MA (Maranhão)	52	SC (Santa Catarina)	92
MG (Minas Gerais)	287	SE (Sergipe)	49
MS (Mato Grosso do Sul)	46	SP (São Paulo)	593
MT (Mato Grosso)	44	TO (Tocantins)	20
PA (Pará)	126	Total	2.953

Fonte: MTE (2004:4).

Em tese, a inspeção do trabalho é detonada por dois procedimentos complementares: as denúncias e, rotineiramente, o sorteio de endereços para visita. Na prática, como as DRTs têm poucos fiscais para o número de denúncias que recebem,[92] a inspeção guia-se sobretudo por elas, que ocorrem em número suficiente para ocupar boa parte da agenda de inspeções. Conforme se pode ler em documento do próprio MTE (2004:7):

> *La mayor fuente de informaciones que, obedecidas las prioridades definidas en el planeamiento, orientará la acción fiscal son las denuncias oriundas de entidades sindicales de trabajadores, Ministerio Público del Trabajo, otras entidades gubernamentales y no gubernamentales y de los propios trabajadores que buscan diariamente la Guardia Fiscal de las DRT.*

Ou, conforme uma auditora fiscal do trabalho entrevistada:[93]

> Atualmente, a grande maioria das fiscalizações é motivada por denúncias. O denunciante principal é o trabalhador individual, porém costuma-se priorizar o atendimento às denúncias dos sindicatos, do Ministério Público e da Polícia

---

[92] Ninguém foi capaz de nos dizer com precisão quantas denúncias chegam por dia à DRT do Rio de Janeiro, mas o sindicato da construção civil da cidade recebe entre 80 e 100 denúncias por mês. E isso para um total de 160 mil trabalhadores, menos de 10% do mercado de trabalho da cidade.
[93] Para este capítulo, levamos em conta entrevistas com seis auditores fiscais do Rio de Janeiro, um de São Carlos, interior de São Paulo, além de um subdelegado do trabalho em cada estado.

(nos casos de acidentes do trabalho). Embora a grande maioria das ações de fiscalização seja motivada por denúncias, é impossível atender a todas, não temos pessoal suficiente, por isso também se costuma priorizar, entre os denunciantes individuais, aqueles que se identificam. Onde é possível, pode-se também organizar um programa para atender, coletivamente, denúncias acerca de uma mesma empresa ou setor produtivo.

Importante observar que o auditor fiscal deve registrar todos os seus procedimentos, seja no Livro de Inspeção do Trabalho, que toda empresa deve ter, seja emitindo notificações (para apresentação de documento, para correção de irregularidades etc.). A lei veda autuação na primeira visita do auditor fiscal:

- quando há descumprimento de norma (leis, regulamentos, instruções) recente, editada há menos de 90 dias. Nesse caso cabe orientação, advertência, instrução;
- quando o estabelecimento ou local de trabalho estiver funcionando há menos de 90 dias;
- quando a empresa contar com até 10 empregados;

Se da fiscalização resultar auto de infração — cuja primeira via deve ser protocolada na agência em que o auditor fiscal do trabalho está lotado num prazo de 48 horas —, inicia-se um processo administrativo. Quando autuado, o empregador tem 10 dias para apresentar sua defesa. Esgotado esse prazo, o processo — auto e defesa, ou somente o auto, se o empregador não apresentar defesa — é examinado por outro auditor fiscal (diferente daquele que autuou) e é dado um parecer, que pode ser pela procedência total, parcial, ou improcedência da autuação; essas peças são encaminhadas ao delegado ou subdelegado, para decisão.

Se considerado "improcedente" o auto de infração em primeira instância, é obrigatória sua remessa para análise em segunda instância; se confirmada a improcedência em segunda instância, o processo é arquivado. Se considerado "procedente", parcial ou totalmente, e o empregador pagar a multa no prazo de 10 dias após recebida a notificação da multa, terá desconto de 50% do valor estipulado. Caso não se conforme com a multa, o empregador tem prazo de 10 dias para recorrer à segunda instância, mas deve depositar o valor integral[94] da multa como requisito de apreciação do recurso. A segunda instância pode confirmar a multa — nesse caso, o depósito converte-se em pagamento; ou aceitar o apelo do empregador, que então receberá de volta o valor depositado. Se não pagar, nem recorrer do valor da multa, o empregador é inscrito na dívida ativa da União, e cobrança exe-

---

[94] A exigência de depósito no valor integral da multa, no caso de recurso (o chamado "depósito recursal"), tem sido argüida de inconstitucional por ofender o princípio da ampla defesa. No entanto os tribunais têm rechaçado esse entendimento.

cutiva será promovida pela Procuradoria da Fazenda Nacional, em processo junto à Justiça Federal. A figura 2 traz os detalhes do processo de imposição de multas.

Figura 2
Fluxograma do processo de imposição de multa

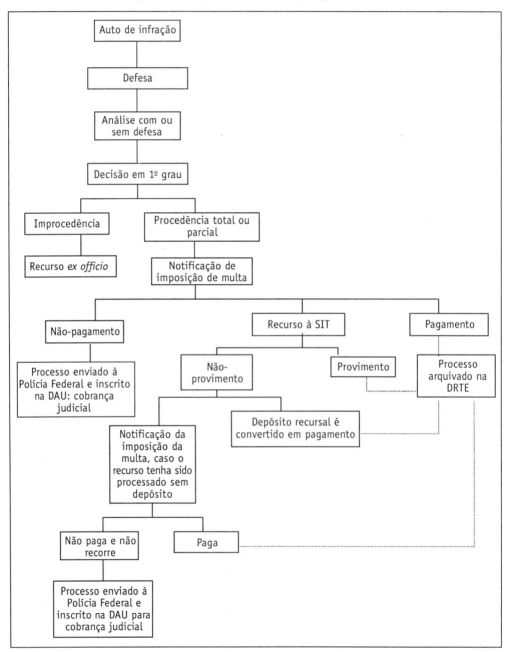

De acordo com auditores fiscais entrevistados, apenas as pequenas e médias empresas costumam pagar as multas no início do processo, inclusive para aproveitar o desconto de 50%. As empresas que contam com departamentos jurídicos costumam recorrer. O recurso segue primeiro no âmbito administrativo. Findas todas as oportunidades de recursos, e recusado o pagamento, a cobrança fica a cargo da Procuradoria da Fazenda Nacional. Importa notar que essa procuradoria está envolvida na cobrança da dívida ativa de valores muito mais significativos do que os das multas trabalhistas e, com isso, ainda segundo funcionários das DRTs, haveria pouco incentivo para a cobrança e grande chance de prescrição da dívida. Por isso devemos estar atentos à Emenda Constitucional nº 45, que deu à Justiça do Trabalho competência para "processar e julgar (...) as ações relativas às penalidades administrativas impostas aos empregadores pelos órgãos de fiscalização das relações de trabalho" (CF, art. 114, VII). Esperamos que tal medida possa melhorar a eficiência do sistema.[95]

Resultados da inspeção

A tabela 11 mostra os dados consolidados da fiscalização do trabalho em todo o Brasil, tal como disponíveis no MTE. A primeira coisa a se salientar é a queda acentuada no número de fiscais de 1990 a 1995, ano em que se atingiu o menor número de profissionais, pouco menos de 2 mil pessoas. Em 1996 há um salto significativo de mais de 800 novos fiscais, mas seu número caiu desde então, sendo uma vez mais recomposto em 2004 (como mostrado na tabela 10). O segundo aspecto interessante a marcar é que a variação no número de fiscais não parece ter relação alguma com o número de empresas visitadas ou de trabalhadores atingidos. Ao contrário, o ano com menor número de fiscais é também aquele com o maior número de empresas atingidas pela fiscalização, mais de 420 mil, com média de 215 empresas por fiscal. Na verdade, a se fiar nesses dados (mas comentamos esse problema em seguida), tudo indicaria que o sistema se torna mais eficiente quanto menor o número de fiscais. Essa é a terceira observação relevante aqui. A fiscalização vem mudando de rosto nos últimos anos, atingindo mais trabalhadores em um menor número de empresas, o que resulta no aumento do tamanho médio das empresas visitadas a partir, *grosso modo*, de 1997. Menos empresas visitadas por um número menor de fiscais, mas atingindo mais trabalhadores a cada ano significa exatamente isso: maior eficiência da ação fiscal, e também maior efetividade, uma vez que mais trabalhadores são atingidos.

---

[95] A EC nº 45 será analisada na conclusão deste livro.

Tabela 11
Fiscalização do trabalho por parte das DRTs (Brasil, 1990-2003)

Ano	Nº de fiscais	Empresas fiscalizadas	Empregados alcançados	Tamanho médio das empresas	Empregados registrados sob ação fiscal	Empresas autuadas	Autuações/Nº empresas (%)	Autos de infração lavrados	Tref (%)*
1990	3.285	414.875	22.721.411	55	ND	82.521	19,89	ND	ND
1991	2.948	327.398	18.784.232	57	ND	85.963	26,26	ND	ND
1992	2.531	321.741	19.746.980	61	ND	87.868	27,31	ND	ND
1993	2.356	384.562	23.815.673	62	ND	112.949	29,37	ND	ND
1994	2.139	407.732	23.650.843	58	ND	100.632	24,68	ND	ND
1995	1.960	420.893	19.070.982	45	ND	94.208	22,38	ND	ND
1996	2.774	404.755	15.955.168	39	268.558	65.451	16,17	101.485	64,85
1997	2.589	369.315	17.075.038	46	321.609	75.019	20,31	121.428	66,26
1998	2.398	315.605	18.014.488	57	261.274	66.549	21,09	107.697	69,1
1999	2.470	347.380	17.842.511	51	249.795	61.444	17,69	101.216	74,45
2000	2.420	353.617	19.116.793	54	525.253	58.213	16,46	95.828	80,94
2001	2.406	296.741	17.707.443	60	516.548	56.036	18,88	93.552	82,31
2002	2.371	304.254	19.934.822	66	555.454	53.622	17,62	92.988	84,89
2003	2.194	285.241	22.257.503	78	534.125	58.589	20,54	103.308	83,62
Médias	2.489	353.865	19.692.421	56	404.077	75.647	21,38	102.188	75,8
Total	4.954.109		275.693.887		3.232.616	1.059.064		817.502	

Fonte: Ministério do Trabalho <www.mte.gov.br>.
* Tref: Taxa de regularização em estabelecimentos fiscalizados–relação percentual entre número de itens da legislação trabalhista irregulares regularizados na ação fiscal/número de itens da legislação trabalhista encontrados em situação irregular.

Desenho e desempenho do sistema de vigilância | 89

A figura 3 deixa essa relação mais visível. Note-se que, a partir de 1996, o número médio de empresas visitadas por cada fiscal estabilizou-se em torno de 135, mas o número médio de empregados atingidos por fiscal cresceu *in tandem* até 2003, compondo uma média para o período de 142 empresas e 7.913 empregados por fiscal.

Figura 3
Eficiência da inspeção do trabalho (Brasil, 1990-2003)

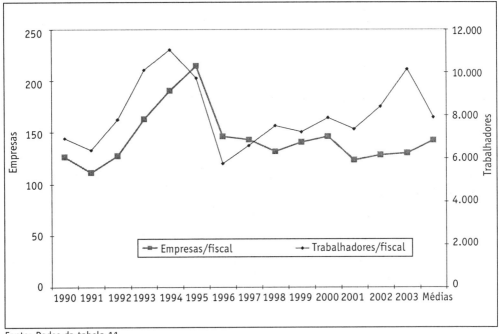

Fonte: Dados da tabela 11.

O quarto ponto a se salientar tem a ver com a eficácia da ação fiscal, expressa no número de autuações, de trabalhadores registrados em razão da fiscalização e na taxa de regularização em estabelecimentos fiscalizados (Tref) ou de adequação das empresas à legislação trabalhista. Uma vez mais a se crer nos dados disponíveis, entre 16% e 30% das empresas visitadas foram autuadas a cada ano, resultando em nunca menos do que 250 mil trabalhadores registrados sob ação fiscal, isto é, vínculos empregatícios formalizados a partir de 1996 (não há dados disponíveis para os anos anteriores nesse quesito específico). A tabela não mostra, mas isso representou, em 2001, o pico de 2,92% do total de trabalhadores atingidos pela fiscalização, para uma média de 1,17% no período. E a taxa de regularização alcançada, isto é, a proporção de itens irregulares regularizados após a ação, também aumentou significativamente ao longo dos anos, passando de 65% em 1996 para 84% em 2003. Em suma, por esses dados somos levados a crer que o sistema parece caminhar para um desenho mais enxuto e mais eficaz em termos de regularização das relações de trabalho.

É preciso ler a tabela 11 e seu gráfico com cautela, porém. A aparente eficiência do sistema é contra-arrestada pela paradoxal circunstância de que apenas 1,17% dos vínculos teriam sido regularizados com a ação fiscal, ao passo que 21% das empresas visitadas teriam sido autuadas em todo o período (1990-2003). Ora, a taxa de autuação é muito alta (um quinto do total das empresas), mas a taxa de regularização de vínculos empregatícios é muito baixa (1,17% dos trabalhadores atingidos). Isso pode estar refletindo uma de três coisas: primeiro, que em uma mesma empresa nem todos os trabalhadores estão irregulares, de sorte que muitos são atingidos, mas apenas alguns regularizados; em segundo lugar, que as irregularidades e autuações ocorrem sobretudo em empresas de menor porte, o que resulta em menos pessoas atingidas, apesar do alto contingente de empresas autuadas; em terceiro lugar, que a inspeção do trabalho visa sobretudo outros objetivos (como o recolhimento do FGTS ou a saúde e segurança no trabalho) que não a regularização do vínculo empregatício. Tomadas em conjunto, essas três alternativas denotam um sistema de fiscalização que se restringe ao mercado formal de trabalho. Para deixar o argumento mais claro, basta ler os dados ao revés. Se apenas 1,17% dos trabalhadores atingidos tiveram seus vínculos regularizados, então os outros 98,83% estavam em situação regular, ou assim pareceu aos fiscais do trabalho. Como o emprego assalariado sem carteira representou, ao longo da década de 1990, entre 35% e 45% do mercado de "trabalho assalariado" no Brasil, então a conclusão necessária é a de que o sistema de fiscalização está mirando as empresas erradas, ao menos no que respeita a esse aspecto específico da inspeção, ou seja, a regularização do vínculo trabalhista.

Dizendo de outra maneira, o mercado de trabalho de assalariados "sem" carteira ocupou, na década de 1990, entre 10 milhões e 15 milhões de pessoas ao ano, segundo dados da Pnad. Como a fiscalização atingiu duas vezes essa proporção de pessoas, e como encontrou não mais do que 1,17% em média de trabalhadores em situação irregular, somos levados à conclusão de que ela (fiscalização) não incidiu sobre aqueles 15 milhões de assalariados sem carteira, mas sobre os outros 25 milhões de assalariados "com" carteira, o que resultou na baixíssima taxa de registro dos trabalhadores atingidos.

Ainda assim, é provável que os dados do MTE estejam superestimando o universo coberto e, também, a taxa de eficácia da fiscalização. Isso porque o número de trabalhadores atingidos parece muito alto tendo em vista o mercado formal de trabalho no país, que variou entre 20 milhões e 29 milhões de empregados entre 1990 e 2003, segundo dados do próprio MTE. Como a fiscalização parece mirar as grandes empresas e não o mercado informal de trabalho,[96] sua efetividade média (isto é, o número de trabalhadores atingidos dividido pelo número de trabalhadores formais existentes) seria próxima ou superior a 80% do mercado formal de trabalho,[97] o que parece inteiramente disparatado em um sistema em que todos reclamam de sua baixa eficácia e cobertura.

Em segundo lugar, o sistema de remuneração e de prêmios dos fiscais está lastreado, também, no número de trabalhadores atingidos e no número de carteiras de trabalho registradas, o que contribui para que eles superestimem a eficácia de sua ação e, também, as estatísticas. Como disse uma auditora fiscal do trabalho entrevistada para essa pesquisa:

> A empresa pequena representa, em termos de produtividade, muito pouco para o fiscal. Ou seja, quanto menor é o número de empregados de uma empresa menor a "pontuação" atribuída pelo nosso sistema de avaliação ("ao qual está condicionada a recepção de nosso salário integral"). Assim, se fiscalizamos empresas pequenas, temos que trabalhar mais e mais rapidamente. Como isso é muito difícil, fica mais simples lavrar um auto de infração e ir embora sem alterar a situação da empresa (ou até piorando-a). É bom lembrar que as metas a que somos submetidos também apontam nessa direção, temos que fiscalizar muito e rápido. Se os problemas detectados são resolvidos ou não parece não interessar muito.

Se o próprio salário está condicionado às quantidades atingidas, e se o sistema de metas também o estimula, compreende-se por que os fiscais privilegiam as grandes empresas formais. Mas isso não explica a alta taxa de cobertura da fiscalização, perto ou superior a 80% do mercado formal existente. Tudo indica que esses dados estão superestimados.

Uma última palavra sobre a Tref, que parece em franca ascensão nos últimos anos. Suspeitamos de que essa melhora decorre, em grande parte, do fato de que a fiscalização está incidindo em empresas cada vez maiores. A mesma fiscal do trabalho de que se retirou o excerto de entrevista anterior disse que:

---

[96] Essa suspeita é sustentada fortemente por uma entrevistada, que disse, textualmente: "É preciso esclarecer que o Ministério do Trabalho não fiscaliza o mercado informal de trabalho. Sabemos que as ruas estão cheias de trabalhadores informais, mas isso é ignorado pela ação fiscal. Fiscalizamos empresas, ou seja, organizações em que é possível identificar um empregador e seus subordinados".
[97] Em 1994, segundo dados da Rais/MTE, havia 23 milhões de assalariados com carteira no país, mesmo número de trabalhadores atingidos pela fiscalização, que teria, assim, coberto 100% do mercado formal de trabalho.

A empresa grande é muito mais organizada e o atendimento ao Ministério do Trabalho, em geral, é profissional. Na parte documental, quase sempre a empresa já tem os documentos e programas legalmente exigidos e, em caso de discordância, ou mesmo de uma irregularidade detectada na inspeção, teremos interlocução com a empresa, ou seja, mesmo que decidamos pela lavratura de um auto de infração, sabemos que podemos dar continuidade à fiscalização até a regularização do problema, o que normalmente se consegue dentro dos prazos estabelecidos. E mesmo se houver necessidade de grandes investimentos, como no caso de exigência de reformas, construções ou contratação de pessoal, também é muito mais fácil, com a empresa grande, lançarmos mão de outros recursos como mesa de entendimento, estímulo de acordos com os representantes da categoria profissional etc.

Como se pode ver, a fiscalização nas empresas maiores é também mais eficaz por várias razões correlatas: as empresas são "mais organizadas", atendem ao MTE de forma "profissional", têm recursos financeiros para responder às exigências e eventuais autuações (o que resulta em melhor produtividade para os fiscais), fazem-no "dentro dos prazos" etc. Tudo conspira para que a inspeção privilegie estas empresas, e isso deve estar se refletindo nas melhores taxas de regularização dos últimos anos.

Mas a regularização do vínculo empregatício não parece ser o móvel maior da inspeção do trabalho. Aspectos como saúde e segurança são também relevantes, embora dados mais desagregados não estejam disponíveis. Outro aspecto relevante é a fiscalização da arrecadação do FGTS. Nos anos 1990 a taxa de ilegalidade da relação formal de trabalho aumentou muito, sobretudo em relação ao recolhimento do FGTS por parte das empresas. Como mostrado por Cardoso (2003, cap. 5), após a CF/88 um número crescente de empresas deixou de pagar verbas rescisórias e também de depositar com regularidade esse direito do trabalhador, em parte por inadimplência e em parte porque a legislação do trabalho como um todo passou a estar sob fogo cruzado das entidades empresariais, respaldando a ilegalidade de seus associados. Com isso a fiscalização do FGTS tornou-se um ponto importante da atividade dos fiscais do trabalho no Brasil, e toda e qualquer fiscalização realizada deve incluir, por lei, a inspeção do recolhimento do FGTS. A tabela 12 mostra que, de 1997 em diante, nunca menos do que 3% da arrecadação total desse fundo decorreu da ação fiscal, chegando em 2002 a quase R$ 1 bilhão arrecadados (ou 4,3% do total). Trata-se, como parece claro, de um montante equivalente a 60% do orçamento do ministério em 2003 (R$ 1,6 bilhão). A tabela 12 mostra, também, que a eficiência da arrecadação vem aumentando, pois o montante médio arrecadado por notificação lavrada saltou de R$ 24 mil em 1996 para quase R$ 63 mil em 2002.

Esses dados, em conjunto com a Tref da tabela anterior, mostram que as empresas respondem positivamente à fiscalização, o que indica que o sistema de multas e incentivos negativos vem funcionando. O problema, do ponto de vista deste trabalho, tem a ver com as chances de o empregador ilegal ser apanhado, e essas chances parecem bastante pequenas se a empresa é de porte médio ou menor, maiores para as empresas grandes, que, talvez por isso mesmo, parecem operar com uma taxa de ilegalidade bastante baixa. Ao menos é isso que indicariam os dados de inspeção analisados antes, quando uma taxa de autuação de 20% das empresas resultou em não mais do que 1,17% de novos registros em carteira, tendo em vista o total de trabalhadores cobertos. Como já dito, isso sugere que a ilegalidade se concentra sobretudo nas empresas menores e que a fiscalização, nesse aspecto específico, está mal direcionada. Voltaremos a isso na seção final deste capítulo.

Tabela 12
Fiscalização do FGTS (Brasil, 1996-2002)

Ano	Arrecadação bancária do FGTS (A)	Notificações lavradas (B)	Total recolhido sob ação fiscal (C)	(C)/(B)	(B)/(A)
1996	11.671.686.175,56	9.385	228.404.462,40	24.337,18	1,96
1997	12.925.111.506,46	19.040	450.238.529,74	23.646,98	3,48
1998	16.781.697.816,92	18.709	550.591.181,65	29.429,21	3,28
1999	17.408.212.152,04	17.062	614.837.075,20	36.035,46	3,53
2000	18.708.530.527,10	16.316	822.664.678,16	50.420,73	4,4
2001	21.074.052.206,15	15.523	737.000.126,18	47.477,94	3,5
2002*	22.482.012.000,00	15.328	960.569.409,70	62.667,63	4,27

Fonte: Ministério do Trabalho <www.mte.gov.br>.
*Estimativa.

Na verdade, o MTE opera com um conjunto enviesado de informações cadastrais que privilegia as empresas formalmente estabelecidas. O cadastro que serve de base para a inspeção é construído a partir da Rais, à qual são acrescentadas informações das pesquisas econômicas do IBGE e outras fontes, que cobrem principalmente o mercado formal de trabalho. O acesso a empresas informais, quando ocorre, resulta sobretudo das denúncias, e como discutiremos no caso da construção civil do Rio de Janeiro, quanto mais precário o mercado de trabalho e maior a taxa de desemprego, menores os incentivos para que os trabalhadores denunciem más condições de trabalho.

Por fim, cabe um comentário sobre a distribuição da fiscalização por setor econômico. A tabela 13 mostra que, desde 1996, vem ocorrendo uma mudança importante de prioridade na ação fiscal no país. O comércio, alvo prioritário da fiscalização, vem perdendo espaço para os outros setores, com destaque para a agricultura, que em 1996 respondia por não mais que 1,4% das empresas fiscalizadas e chegou a mais de 5% em 2004, dados disponíveis até agosto. Dados mais recentes dão conta de que perto de 20% do total de regularizações de vínculos empregatícios em 2005 ocorreram no campo.[98] Essa mudança (que inclui também um aumento na participação da indústria da construção civil e dos serviços) reflete o empenho dos novos grupos de trabalho criados no âmbito do MTE para o combate ao trabalho escravo e degradante e, também, ao trabalho infantil.

Tabela 13
Empresas atingidas pela inspeção do trabalho, por setor econômico
(Brasil, 1996-2004)

Setor	1996	1997	1998	1999	2000	2001	2002	2003	Até ago. 2004
Agricultura	1,38	1,88	2,36	2,66	2,98	3,37	3,12	3,39	5,26
Indústria	14,01	16,57	17,15	15,91	17,51	18,12	18,77	18,04	17,09
Comércio	49,7	44,02	40,86	39,31	37,73	36,17	35,97	35,69	35,88
Construção	5,49	6,49	7,81	8,53	8,53	8,48	8,06	8,61	9,56
Hotéis e restaurantes	6,89	7,25	6,88	6,82	6,87	7,21	7,32	6,83	7,23
Transportes	3,17	3,57	3,70	3,62	3,89	4,1	4,91	5,24	5,18
Financeiro	1,71	1,95	1,91	1,88	1,6	1,55	1,07	1,28	1,03
Serviços	12,01	12,41	13,46	14,76	14,6	14,98	14,5	14,97	13,49
Educação	1,92	2,13	2,33	2,34	2,7	2,9	2,75	2,85	2,43
Saúde	3,51	3,46	3,23	3,91	3,28	2,8	3,23	2,79	2,58
Outros	0,22	0,27	0,31	0,26	0,32	0,32	0,29	0,3	0,27
Percentagem	100	100	100	100	100	100	100	100	100
Total	404.755	369.315	315.605	347.380	353.617	296.741	304.254	285.241	172.561

Fonte: Sfit/MTE.

Conclusão

A inspeção do trabalho no Brasil segue os padrões definidos pela OIT em 1947. Suas instituições de apoio são, hoje, um pouco mais bem aparelhadas do que há 10 ou 15 anos, contando com um sistema informatizado de controle e produção de informação, melhor fluxo dos trâmites burocráticos e treinamento

---

[98] Ver Garcez (2005).

regular dos fiscais do trabalho. Possui um aparato nacionalmente implantado de investigação, com um total de 27 DRTs e quase 3 mil auditores fiscais.

O desenho institucional parece, formalmente, adequado a uma inspeção efetiva, eficaz e eficiente do trabalho. Efetiva porque parece atingir um número muito grande de trabalhadores como proporção da força de trabalho empregada. Eficaz porque resulta na melhoria das relações de trabalho e no saneamento de situações ilegais, como o não-recolhimento do FGTS ou o não-registro na carteira de trabalho. E eficiente porque otimiza meios, se considerarmos que o sistema gasta em torno de um quarto dos recursos de investimento do MTE, sendo, em contrapartida, sua estrutura mais robusta e numerosa, que arrecada, apenas com o FGTS, o equivalente a 60% ou mais do orçamento ministerial. Além disso, os procedimentos de controle da ação fiscal parecem também adequados para coibir fraudes e mitigar a corrupção. Do mesmo modo, a definição de prazos mais estritos para o trâmite processual administrativo das multas, por exemplo, que deve terminar em no máximo 60 dias, é de molde a inibir medidas protelatórias por parte das empresas, que necessitam de departamentos jurídicos bem estabelecidos para enfrentar os trâmites judiciais posteriores aos administrativos. Como resultado, o sistema produz estatísticas bastante alentadas dos resultados da inspeção do trabalho, analisadas com algum vagar nas seções anteriores.

Aqui começam os problemas. Em primeiro lugar, a se acreditar nessas estatísticas, a inspeção do trabalho atinge 80% ou mais do mercado de trabalho formal do país a cada ano, ou perto de 50% do mercado assalariado como um todo, isto é, incluindo trabalhadores com e sem carteira de trabalho. Contudo vimos que uma proporção muito pequena dos potenciais destinatários é de fato beneficiada pela inspeção, que não parece suficiente para reverter o quadro de informalidade no país. Tudo indica que o sistema oferece incentivos seletivos para que os fiscais escolham empresas que, na verdade, "não precisam" ser fiscalizadas nesse aspecto específico (registro de vínculos empregatícios), porque já cumprem a lei. Com isso, a inspeção talvez reduza a propensão à ilegalidade quanto a outros temas por parte dos empresários que são regularmente inspecionados, mas não parece capaz de atrair novos agentes para o sistema, agentes que atuam no mercado informal de trabalho ou na estrita ilegalidade e que são, por isso mesmo, invisíveis nos arquivos do próprio MTE, quase todos construídos a partir de informações fornecidas pelas próprias empresas no âmbito da Rais.

O segundo limite do sistema é a falta de recursos materiais, falta que os números portentosos da inspeção de fato escondem. Os pouco mais de 2 mil fiscais têm à sua disposição um universo anual de 2 milhões a 3 milhões de empresas formalmente estabelecidas com pelo menos um empregado (uma vez mais segundo dados da Rais), o que configura uma média de mil a 1.500 empresas potencialmente visitáveis por fiscal anualmente, o que resulta em uma média de cinco a sete empresas por dia útil. O número de fiscais é, evidentemente, pequeno, principalmente porque aqui não estão computadas as empresas informalmente estabelecidas. Com isso, as DRTs estão praticamente condenadas a reagir a denúncias que, ainda assim, não podem ser todas atendidas com o pessoal disponível. O sistema não está aparelhado para realizar uma de suas prerrogativas mais importantes, que é a visita de surpresa (no que diz respeito ao fiscalizado) em empresas de qualquer tipo ou tamanho, mas que obedece a programa estabelecido após estudo das características das relações de produção, na área a ser fiscalizada. Está, assim, na dependência da vontade ou iniciativa dos trabalhadores individuais ou seus representantes de denunciar condições precárias de trabalho.

Em termos do que interessa a este trabalho, isto é, as chances de um empresário ilegal ser apanhado e, sendo apanhado, sofrer retaliações ou ser levado a sanar os problemas encontrados, a pesquisa sugere que há uma gradação entre dois pólos bem marcados. No pólo da informalidade, isto é, empresas de qualquer porte que não têm registro empresarial e não formalizam a relação de trabalho, as chances de que sejam fiscalizadas são muito remotas, estando exclusivamente na dependência de denúncias dos trabalhadores. Como mostraremos no capítulo 4, as chances de os trabalhadores denunciarem são inversamente proporcionais ao seu medo do desemprego, sendo, portanto, tanto menores quanto maiores a precarização do mercado de trabalho e as taxas de desemprego. Nesse pólo encontram-se, também, os trabalhadores por conta própria e os autônomos (profissionais liberais) que empregam, em geral, um ou outro funcionário. Em 2003 os assalariados sem carteira (empregados informais de empresas talvez elas também informais) e os "por conta própria" (incluindo autônomos) representavam 45,8% da população economicamente ativa (PEA), segundo dados da Pnad. Essa é a parte da população que não será atingida pela fiscalização senão por puro azar.

No outro pólo, o da estrita formalidade, as chances de ser apanhado em caso de ilegalidade na relação de trabalho são diretamente proporcionais ao tamanho das empresas. Pequenas empresas (até 20 empregados) dificilmente serão fiscalizadas, porque o sistema oferece incentivos seletivos para que a fiscalização, forçada a escolher onde operar tendo em vista a insuficiência de pessoal, opte pelas grandes empresas. Os dados e as entrevistas sugerem que o número "mágico" de empregados que coloca uma empresa na lista de possível inspecionada é 50. Assim, se uma empresa tem 50 ou mais empregados e apresenta alguma ilegalidade, sendo denunciada, a chance de que seja fiscalizada é muito alta.

Aqui entra o terceiro limite importante do sistema: a baixa taxa de regularização de vínculo empregatício (1,7%) pode estar expressando a circunstância de que as grandes empresas têm possibilidades materiais para protelar a solução de qualquer irregularidade, muito além dos 60 dias legais dos processos administrativos. Recorrendo ao Judiciário, os prazos ficam literalmente em suspenso, porque a Justiça no Brasil é lenta e uma sentença pode levar anos. Por isso os fiscais do trabalho entrevistados insistem em dizer que são as pequenas e médias empresas que pagam multas ou regularizam as relações de trabalho quando fiscalizadas. O custo, para elas, de protelar uma solução via ação judicial pode ser alto demais. Isso pode explicar o fato de 21% das empresas autuadas terem resultado em apenas 1,17% de situações de trabalho regularizadas. As grandes empresas ou são de fato mais "legais", ou conseguem elidir as obrigações contratuais via recursos judiciais.

Entre esses dois pólos encontra-se a maioria das empresas, embora não a maior proporção de trabalhadores empregados. Essas dificilmente serão fiscalizadas. São empresas formais, com número significativo de trabalhadores, mas que, mesmo sendo denunciadas, não oferecem incentivos para que o sistema de inspeção responda com presteza, a não ser eventualmente. Em qualquer caso, porém, a chance de uma empresa ser inspecionada é diretamente proporcional à propensão dos trabalhadores denunciarem as irregularidades.

3

Desenho e desempenho da Justiça do Trabalho

Introdução

A intensa judicialização das relações de trabalho no Brasil conferiu à Justiça do Trabalho, nos anos recentes, papel central do processo global de regulação do mercado de trabalho. Como mencionado antes, num modelo legislado como o brasileiro, é de se esperar que o conflito entre capital e trabalho se dê, em grande medida, em torno dos mecanismos legislativos e judiciários, responsáveis pela normatização e aplicação da norma legal. Mas já se mostrou em outro lugar (Cardoso, 2003) que, após a promulgação da CF/88, as demandas trabalhistas explodiram na Justiça do Trabalho. Entre 1988 e 1997, o crescimento no número de processos foi de 112 mil ao ano, de modo que se chegou, no último ano do período, a quase 2 milhões de causas trabalhistas acolhidas pelas varas do Trabalho no país. Após esse pico o número caiu um pouco, estabilizando-se ao redor de 1,7 milhão de processos ao ano até 2004, ainda assim um número portentoso.

O aumento das demandas trabalhistas individuais no Brasil decorre da crescente deslegitimação do direito do trabalho entre os empregadores, que não se conformam a ele, e tentam se evadir da obediência esperada. Os controles e limites impostos por trabalhadores ou Estado, e os incentivos seletivos de um e outro, parecem ter perdido eficácia na obrigação dos empresários quanto à conformidade com a norma.[99] Na verdade, o aumento sem precedente nas demandas judiciais trabalhistas expressa tanto a deslegitimação do direito do trabalho pelas empresas quanto a tentativa de os trabalhadores fazerem valer as regras da ordem. É a ordem

---

[99] E pode ser o caso, impossível de ser inquirido aqui, de que, em razão da crise econômica, convicções e critérios de justiça estejam perdendo espaço para o cálculo racional puro e simples, que maximiza o lucro através da otimização de meios materiais quantificáveis, sendo o custo dos direitos do trabalho um dos elementos do cálculo e, por isso mesmo, descartável numa equação contábil.

legal como um todo que entrou em crise depois da CF/88. E, por paradoxal que isso possa parecer, seu sintoma mais conspícuo é o crescimento das demandas judiciais. Ou seja, a intensificação da judicialização das relações de classe é, paradoxalmente, a resposta dos trabalhadores à crise da ordem jurídica mais geral que, por décadas, estruturou as relações de classe no país.

Parece incontestável que, na segunda metade dos anos 1990, o poder público, o MTE, os economistas que informaram a elaboração de políticas públicas para o mundo do trabalho e tantos outros agentes importantes das relações de classe no Brasil concordavam que o direito do trabalho herdado do período Vargas era um empecilho à reestruturação produtiva, em particular, e econômica, de maneira geral, ambas necessárias à retomada da rota ascendente de nossa economia rumo à modernidade. Argumentava-se que o mercado de trabalho brasileiro era rígido e que os custos do trabalho impediam a inserção competitiva de nossos produtos, condenando-nos à competição predatória de mercadorias *made in* Taiwan ou China continental. Ainda que esses argumentos tenham perdido muito de seu apelo depois da crise argentina de 2001/02, as políticas públicas e a ação dos agentes privados continuaram informadas pela crença neles até o fim do governo Fernando Henrique Cardoso.[100]

Foi com base nesse diagnóstico que se introduziram instrumentos de flexibilização do mercado de trabalho discutidos no primeiro capítulo, que tiveram impacto reduzido sobre o mundo real, já que poucas empresas adotaram os contratos de trabalho atípicos. Apenas os "bancos de horas" e a participação nos lucros como medida de flexibilização dos salários se generalizaram na economia. Mas a flexibilização operou intensamente por medidas administrativas e judiciárias. Entre as medidas judiciárias estão a introdução do procedimento sumaríssimo na Justiça do Trabalho e a regulamentação das comissões de conciliação prévia nas empresas, encarregadas de conciliar o conflito trabalhista individual antes que ele chegue às varas do Trabalho.

Tais medidas, porém, do ponto de vista do argumento corrente entre empresários e economistas, chegaram tarde. A economia brasileira tratou de flexibilizar no grito o direito do trabalho nos anos 1990, via contestação da norma legal, expressa por dois indicadores centrais: a queda na proporção de assalariados com carteira assinada entre os assalariados em geral e o aumento do número de demandas na Justiça do Trabalho. O governo federal (voluntariamente) e o trabalho organizado (por debilitação do poder sindical) teriam perdido a capacidade de fazer valer o direito existente, restando como último recurso o balcão judiciário. Nesse

---

[100] Argumentou-se longamente contra esse arrazoado em Cardoso (1999).

ambiente, os empresários se sentem, crescentemente, desobrigados, flexibilizando a frio o mercado de trabalho ao cobri-lo com o manto negro da informalidade. Como o modelo é legislado, o resultado esperado não é outro senão o recurso à Justiça.

De fato, na ausência ou insuficiência de poder do trabalho organizado, o órgão fiscal do Estado pode bastar na garantia da obediência à lei, como bem o demonstra a ditadura Vargas. Mas na ausência do órgão fiscal, o trabalho organizado talvez não seja suficiente para assegurar no mercado aquela obediência, principalmente nas relações individuais.[101] É por o órgão fiscal ser frágil e o trabalho organizado estar em crise no nível micro ou de empresa que o resultado da deslegitimação da norma pelos empresários é o aumento da judicialização das relações de classe: os trabalhadores são titulares de direitos burlados, e procuram fazê-los valer nesse único outro lugar de sua afirmação e obrigação, que é a Justiça do Trabalho. É porque os capitalistas estão testando os limites da ordem constitucional, num ambiente em que os trabalhadores organizados não conseguem impedi-los e o órgão fiscal do Estado pareceu desinteressado nisso, que a Justiça do Trabalho ostenta a explosão de reclamações observada depois de 1988. Nessas condições, avaliar a natureza e o desempenho da Justiça do Trabalho é crucial num estudo que pretende mensurar a efetividade real dos regulamentos, como é o caso aqui. Iniciamos pela descrição do desenho do sistema judicial, para então avaliar sua atuação real como guardião dos direitos do trabalho.

Desenho da Justiça do Trabalho

Na análise do desempenho da Justiça do Trabalho brasileira, em seus mais de 60 anos de existência, devemos considerar tanto a organização judiciária (órgãos, instâncias, orçamento, aparato administrativo) quanto o processo do trabalho. Embora esses aspectos sejam inseparáveis do ponto de vista operacional, merecem análise independente, já que a organização judiciária, ainda que seja "boa", pode tornar-se lenta se o processo permitir muitas voltas, avanços e recuos. E vice-versa. No caso em exame temos um processo que abriga os princípios da celeridade, informalidade, oralidade, gratuidade para o trabalhador, indicadores de um bom desenho, mas que oferece muitas alternativas recursais, haja vista as três instâncias que constituem o Poder Judiciário Trabalhista — varas, tribunais regionais, tribunal superior com jurisdição em todo o território nacional, a que se acrescenta a possibilidade de recurso extraordinário para o Supremo Tribunal Federal.

---

[101] Isso ficará muito claro na análise das relações de trabalho na construção civil do Rio de Janeiro.

O processo do trabalho foi originariamente desenhado para ser acessível ao trabalhador pobre e analfabeto, que podia recorrer à Justiça sem advogado, para em audiência única, e obedecendo a procedimentos orais, informais, ter ouvida sua reclamação e decidida a demanda. Com o passar do tempo tornou-se muito parecido com o processo civil, processo comum, que exige intervenção de um profissional especializado, o advogado, e o manejo de sofisticados mecanismos processuais, distantes da compreensão do trabalhador.

De fato, o processo do trabalho, em seu desenho original, apresenta algumas características "revolucionárias" quando em comparação com o formalismo do processo civil, no sentido de atender prontamente aos casos de conflito entre empregador e trabalhador. Vejamos algumas:

- informalidade — o empregado estava autorizado a comparecer pessoalmente (sem advogado) ao juízo competente e ali fazer uma "reclamação" verbal (oralmente) que seria distribuída e, marcada a audiência, só então era tomada a termo por um servidor do juízo.[102] Nesses procedimentos estão duas "marcas" originais do processo trabalhista, a reclamação direta do autor (sem advogado) e a oralidade. Podemos citar ainda como manifestação da informalidade uma linguagem mais acessível, menos técnica: "reclamação" em vez de "ação"; "notificação" em vez de "citação" ou "intimação", entre outras. E mais, as notificações expedidas pelo correio, em vez de citações entregues pelo oficial de justiça, eram também sinais da originalidade simplificadora do processo trabalhista;
- celeridade — a "notificação" ao empregador devia ser expedida até 48 horas após a reclamação pela própria secretaria (não passava pelo juiz, melhor, juízes, já que então se operava com uma junta de três juízes, um de direito e dois leigos, classistas). O empregador tinha cinco dias para preparar sua defesa, já que o art. 841 da CLT determinava esse prazo para marcação da audiência. A essa audiência empregado e empregador deviam comparecer com seus advogados (se os houvesse), suas testemunhas, seus documentos, suas provas, porque se pretendia que nessa única sessão fosse decidida a demanda. É o princípio da audiência una;[103]
- conciliação — a ênfase na conciliação é estruturante do processo trabalhista.[104]

Por conciliação se entende um acordo direto entre as partes litigantes sem in-

---

[102] CLT, art. 839: "A reclamação poderá ser apresentada: a) pelos empregados e empregadores, pessoalmente, ou por seus representantes, e pelos sindicatos de classe; b) por intermédio das Procuradorias Regionais do Trabalho". Art. 840: "A reclamação poderá ser escrita ou verbal" (ver §§1º e 2º).
[103] CLT, art. 849: "A audiência de julgamento será contínua; mas, se não for possível, por motivo de força maior, concluí-la no mesmo dia, o juiz ou presidente marcará sua continuação para a primeira desimpedida, independentemente de nova notificação".
[104] CLT, art. 764: "Os dissídios individuais ou coletivos submetidos à apreciação da Justiça do Trabalho serão sempre sujeitos à conciliação".

tervenção da autoridade jurisdicional. A própria composição do órgão julgador, uma junta composta de um juiz de direito e dois classistas, um indicado pela representação dos empregados e outro pela dos empregadores, tem por objetivo promover o entendimento entre as partes litigantes. Há previsão expressa de propor a via da conciliação.[105] Mas, de resto, a conciliação pode se dar em qualquer fase do processo;

- gratuidade — o processo trabalhista é, por princípio, gratuito para o trabalhador, que só paga quando é sucumbente na ação, isto é, quando sua reclamação não é considerada procedente. Embora os dispositivos relativos às custas sejam aplicáveis tanto a trabalhadores quanto a empregadores (art. 789 da CLT), o fato de o credor na ação ser quase sempre o empregado, mais o fato de que "as custas são pagas pelo vencido, após o trânsito em julgado da ação" e ainda o de haver o benefício da justiça gratuita para aquele que se declara pobre (a Lei n° 1.060/50 traz definição de pobre) confirmam o princípio da gratuidade do processo para o reclamante. No último caso, a assistência jurídica do sindicato facilita aos representados o acesso gratuito à Justiça.[106]

Apesar de esses princípios, procedimentos e mecanismos apontarem para uma justiça célere, informal e eficiente na proteção do direito dos trabalhadores, alguns limites devem ser ressaltados. O processo trabalhista foi pensado para atender ao operário industrial, urbano, numa época de crescimento da economia e de pleno emprego. Até 1966 tínhamos ainda o instituto da estabilidade, que encorajava o empregado a reclamar, em plena vigência do contrato, sem correr o risco de ser despedido. Da década de 1970 para cá esse quadro mudou. O regime do FGTS, implementado em 1966, e hoje regido pela Lei n° 8.036/90, facilita a despedida imotivada, o que faz com que as reclamações só sejam ajuizadas após a rescisão do contrato de trabalho. Por outro lado, quando reclamam, os trabalhadores preferem estar assistidos por advogado. Esses fatores tornam o valor da causa mais elevado e mais acirrada a disputa, e aconselham contratação de advogados, os quais trazem ao processo todo o arsenal do processo civil, dinâmica essa que praticamente baniu as características de informalidade, com repercussões na celeridade.

---

[105] CLT, art. 846: "Aberta audiência, o juiz ou presidente proporá a conciliação". Art. 850: "Terminada a instrução, (...) o juiz ou presidente renovará a proposta de conciliação (...)".
[106] A Lei n° 5.584/70 dispõe em seu art. 14: "Na Justiça do Trabalho, a assistência judiciária a que se refere a Lei n° 1.060/50 será prestada pelo Sindicato da categoria profissional a que pertencer o trabalhador. 1. A assistência é devida a todo aquele que perceber salário igual ou inferior ao dobro do mínimo legal, ficando assegurado igual benefício ao trabalhador de maior salário, uma vez provado que sua situação econômica não lhe permite demandar, sem prejuízo do sustento próprio ou da família".

Já a faculdade de estar em juízo sem advogado entrou praticamente em desuso. Primeiro, porque magistrados e advogados, afeitos ao formalismo processual, demonstram clara preferência pela via de representação por advogado, até porque o empregador muito provavelmente far-se-á representar por advogado, estabelecendo um desequilíbrio na atuação quando o trabalhador encontrar-se desamparado. Em segundo lugar, pela já mencionada tendência de abastardamento do processo trabalhista por institutos que migram do processo civil.[107] Em terceiro lugar, porque, em grau recursal, a discussão é eminentemente técnica. Acrescente-se a isso uma polêmica acerca da perda de eficácia do dispositivo em tela, em face de uma interpretação do art. 133 da Constituição Federal: "O advogado é indispensável à administração da justiça", dispositivo refletido no estatuto da Ordem dos Advogados do Brasil (OAB). Ademais, os sindicatos têm entre suas responsabilidades a assistência jurídica de seus representados.

A essa altura devemos sobrepor questões processuais com as de organização judiciária. Em atenção às esferas federativas e às dimensões continentais do país, temos a Justiça do Trabalho organizada em três instâncias: a primeira instância (juntas de conciliação e julgamento, hoje varas do Trabalho), grosseiramente assimilável à esfera municipal; a segunda instância, TRTs, com jurisdição correspondente ao Estado; e a terceira instância, o TST, com sede em Brasília e jurisdição nacional. Pois bem, das decisões de cada uma dessas instâncias cabe recurso para a que lhe é superior — "recurso ordinário" da decisão das varas para os tribunais regionais e daí "recurso de revista" para o TST, terceira instância. E, como se não bastasse, ainda é possível manejar o "recurso extraordinário" para o Supremo Tribunal Federal (STF), quando há matéria constitucional em discussão. Ora, a constitucionalização do direito do trabalho operada pela CF/88 multiplicou as possibilidades de recurso extraordinário. Esse é um dos principais problemas de desenho do processo de trabalho: superposição de instâncias e excesso de recursos.

Interessante observar que houve preocupação do legislador em limitar os recursos, posto que só autoriza recursos de decisões terminativas — sentenças (primeiro grau), acórdãos (segundo e terceiro graus) —, e não das decisões interlocutórias, isto é, aquelas durante o desenrolar do processo. No entanto a denegação do seguimento de um recurso pode ser contestada através do "agravo", e muitas oportunidades de agravo surgem, portanto, ao longo do processo. É intuitivo que quanto maior a idoneidade patrimonial do devedor, maiores o interes-

---

[107] Art. 769 da CLT: "Nos casos omissos, o direito processual comum será fonte subsidiária do direito processual do trabalho, exceto naquilo que for incompatível com as normas deste título". Este artigo, visto que autoriza a aplicação subsidiária do processo civil, nos casos omissos, facilitou esse processo.

se e a capacidade de manejar todos os recursos possíveis, no que se chama, no jargão jurídico, de "chicana".

A percepção da necessidade de evitar os recursos meramente protelatórios é aguda, tanto assim que, já em 1970, foi editada a Lei nº 5.584, que, além do intuito expresso de recuperar alguns dos aspectos de informalidade e celeridade do processo trabalhista original, tratou de restringir o manejo de recursos nos seguintes termos: art. 2º, §4º:

> Salvo se versarem sobre matéria constitucional, nenhum recurso caberá das sentenças nos dissídios da alçada a que se refere o parágrafo anterior,[108] considerado, para esse fim, o valor do salário mínimo à data do ajuizamento da ação.

Recentemente, em 2000, a Lei nº 9.957 criou o "procedimento sumaríssimo" aplicável a causas que não excedam a 40 vezes o salário mínimo, "excluídas as demandas em que é parte a Administração Pública direta, autárquica e fundacional".[109] É mais uma tentativa de resgate dos princípios de celeridade (audiência única, arts. 852-C, 852-G e 852-H), informalidade e oralidade e simplificação (arts. 852-D, 852-F e 852-G) e da conciliação (art. 852-E). Há ainda clara intenção de restringir o recurso de revista (da decisão de segundo grau para o terceiro grau). O §6º do art. 896 da CLT exige "contrariedade a súmula de jurisprudência uniforme do Tribunal Superior do Trabalho e violação direta da Constituição da República" como requisito de sua admissão. Nesse mesmo sentido, a Lei nº 9.756, de 1998, já introduzira modificações na CLT impondo exigências ao seguimento dos recursos.[110] Cite-se ainda como mais uma manifestação desse esforço o requisito de relevância da matéria em discussão para admissão do recurso de revista.[111]

Vê-se pela quantidade de intervenções no processo trabalhista que está na agenda política a preocupação com reformas processuais que atuem no sentido de dar mais presteza às demandas trabalhistas. No entanto, quer nos parecer que tais reformas não têm sido profundas o suficiente para alcançar resultados visíveis.

---

[108] A alçada referida é duas vezes o salário mínimo vigente na sede do juízo.
[109] Ver arts. 852-A a 852-I, acrescentados à CLT por força da Lei nº 9.957/00. A exclusão da administração pública tem implicações, visto que o número de ações em que a administração é parte é cada vez mais expressivo, sobretudo devido à prática da terceirização irregular. Ver, a propósito, o inc. IV do Enunciado nº 331 do TST.
[110] Arts. 895, 896 e 897 da CLT, entre outros.
[111] CLT, art. 896-A: "O Tribunal Superior do Trabalho, no recurso de revista, examinará previamente se a causa oferece transcendência com relação aos reflexos gerais de natureza econômica, política, social ou jurídica". Tal dispositivo entrou em vigor no ano de 2001 (MP nº 2.226/01).

Sendo as classes empresariais — quando não a administração pública — os grandes empregadores, devedores, portanto, na esmagadora maioria dos processos, toda ineficiência do sistema opera em seu favor.

Entre as mudanças de maior significado, que exigiram emenda constitucional, devemos citar a de número 24, de 1999, que acabou com o princípio da representação classista — juízes leigos, indicados pelos sindicatos de empregados e empregadores, que, na primeira instância, atuavam ao lado do juiz de direito, e, na segunda e terceira instâncias compunham dois terços dos membros dos tribunais. Sem entrar em considerações mais aprofundadas, pode-se dizer que os juízes classistas sempre sofreram resistência por parte do corpo judiciário profissional, em parte porque não tinham formação adequada para a função, em parte porque se criou a percepção de que seus melhores esforços se deram no sentido de defesa de interesses corporativos dos sindicatos que os indicaram, frustrando e esvaziando sua missão institucional.

A propósito da conciliação, questão relevante emerge quando se compara o valor dos pedidos na reclamação do empregado (pedidos esses que têm por conteúdo direitos que não foram implementados pelo empregador) com o valor pelo qual se homologam as conciliações. Há um consenso[112] de que o empregado aceita valores próximos da metade do devido, não propriamente pela dificuldade de fazer prova de suas alegações, já que as presunções no processo trabalhista militam a favor do empregado, mas porque o tempo de duração do processo pode ser longo e as necessidades do trabalhador, na maioria das vezes desempregado, são imediatas. Assim, prevalece a racionalidade que diz "ser melhor receber pouco agora do que o total devido não se sabe quando" (há um indicador que se toma por referência que é de duração média de sete anos para tramitação do processo, quando há recurso). Há ainda outro risco, que é o de extinção da empresa no lapso de tempo que demora o processo. Médias e pequenas empresas têm baixa expectativa de sobrevivência,[113] o que torna ainda mais aguda a opção pela conciliação.

Outro dado deve ser considerado no contexto das mudanças ocorridas nos últimos anos no instituto da conciliação: trata-se da conciliação "fora" do

---

[112] O juiz Paulo Perissé, da vara do Trabalho, esclarece que há uma percepção de que os pedidos na reclamação trabalhista são exagerados — "inchados" — como estratégia para reduzir as perdas com a barganha no momento da conciliação. Em uma entrevista com oito juízes e juízas do trabalho realizada em julho de 2004, todos foram unânimes em afirmar a mesma percepção.

[113] Segundo dados do Sebrae, 56% das pequenas e microempresas paulistas desaparecem antes de completar cinco anos, taxa que pode chegar a 80% no caso de empresas com até cinco empregados (Bedê, 2004). Para o Brasil como um todo, em 2002 tinham desaparecido 60% das pequenas e microempresas constituídas em 2000. Perto de 75% dessas empresas tinham entre dois e nove empregados (Sebrae, 2004).

âmbito jurisdicional, ou seja, por meio das comissões de conciliação prévia (CCPs), novidade surgida em 2000. A Lei nº 9.958/00 fez acrescentar à CLT o Título VI-A, cujo escopo está definido no art. 625-A (primeiro de uma série que vai até o art. 625-H), segundo o qual empresas e sindicatos podem instituir aquelas comissões com a atribuição de tentar conciliar os conflitos individuais de trabalho. As CCPs podem ser constituídas por grupo de empresas ou ter caráter intersindical, sendo obrigatoriamente paritárias (com representantes de empregados e patrões). Criadas com o intuito de estimular a negociação direta e desafogar a Justiça do Trabalho, as CCPs foram alvo de inúmeras denúncias nos primeiros anos de sua vigência: cobrança de taxas dos empregados, conciliações por valores que englobavam todo o devido, sem atendimento à obrigação de discriminar as verbas devidas (horas extras, férias, repouso semanal, adicionais de insalubridade e periculosidade, aviso prévio, por exemplo), entre outras. Por conta disso foi editada a Portaria nº 329, em agosto de 2002, dispondo que as partes devem ser informadas, entre outras coisas, de que a CCP tem natureza privada, o serviço é gratuito para o trabalhador, o acordo é facultativo e de que podem ser feitas ressalvas no termo de conciliação, de maneira a garantir direitos que não tenham sido objeto de acordo (através da reclamação na Justiça do Trabalho).

A execução trabalhista

O processo de execução tem início quando, reconhecido o débito no processo de conhecimento e condenado o devedor a pagar, esse deixa de fazê-lo. Há um consenso de que a fase de execução é o pilar mais vulnerável do processo do trabalho, uma porta aberta que permite ao devedor escapar mais uma vez à obrigação de satisfazer os direitos do trabalhador. Na verdade, a execução é quase um novo processo, que abre novas oportunidades de contestação ao devedor. Isso tanto se dá através do recurso chamado "agravo de petição", do próprio réu no processo, quanto dos "embargos de terceiros", estranhos ao processo que, no entanto, se vêem prejudicados pela execução da dívida. O "terceiro" pode ser, por exemplo, a esposa do devedor, ou o sócio da empresa empregadora, que tem seus bens implicados na satisfação do crédito do trabalhador. E ainda há os riscos metajurídicos de não ser possível localizar bens do devedor que possam ser penhorados; e ainda mais difícil: encontrar o próprio endereço do devedor, já que a pessoa jurídica pode extinguir-se no período de tempo que leva até que o processo chegue ao fim.

Como afirmado acima, muitas intervenções têm sido feitas no processo de execução,[114] com vistas a torná-lo mais eficaz, o que, no caso, significa garantir que o credor venha a receber aquilo que lhe foi reconhecido como de direito. Antes de falar do mais inovador desses instrumentos, que é a "penhora online", convém esclarecer que o processo de execução pode se iniciar por outros títulos que não a sentença do juiz no processo de conhecimento: os acordos, nas conciliações, quando não cumpridos; os termos de conciliação, com origem nas CCPs; e os termos de ajuste de conduta, nas ações civis públicas. São todos títulos executivos extrajudiciais que podem dar início ao processo de execução.

Em sua função de tutelar direitos, nos casos em que o devedor se recusa a pagar o que deve, o Judiciário se vê obrigado a buscar no patrimônio do devedor bens em valor bastante para a satisfação do crédito. A penhora, que é o instrumento legal de constrição dos bens do devedor, deve obedecer a uma ordem indicada no Código de Processo Civil, na qual o "dinheiro" consta em primeiro lugar. No entanto, prefere o devedor indicar outros bens à penhora, muitas vezes imprestáveis, de baixa liquidez, que frustram mais do que satisfazem o credor. A frustração se estende aos agentes do Judiciário e leva ao descrédito a via da Justiça estatal para "solução pacífica das controvérsias", como reza a Constituição Federal. Quem já participou de um leilão de bens nomeados à penhora sente-se desanimado diante dos carros usados, móveis velhos, *freezers* e outros equipamentos industriais de interesse restrito a um universo muito pequeno, e logo "descobre" os arrematadores profissionais, pessoas que se especializam em comparecer a esses leilões para ali arrematar a preços vis o que é oferecido. Assim, em março de 2000 inaugurava-se nova etapa, e bastante alvissareira, para o bom fim dos processos. Numa iniciativa da Justiça Trabalhista, mas que tem encontrado seguidores em outros ramos da Justiça, foi firmado um convênio entre o TST e o Banco Central (Bacen), de maneira a viabilizar o bloqueio das contas bancárias dos devedores para ali buscar meios de satisfação ao credor, no que se convencionou chamar "penhora online". Tal sistema, o Bacen JUD, permite o bloqueio de todas as contas bancárias e aplicações financeiras que tenham o devedor como titular no sistema bancário brasileiro. Não poderia haver instrumento mais apto a mobilizar o devedor a satisfazer suas obrigações. Trata-se de usar a tecnologia[115] a favor dos princípios de celeridade e informalidade de que já falamos. Como era de se esperar, há forte reação dos

---

[114] A propósito citamos: Lei nº 8.432, de 1992; Lei nº 9.756, de 1998; Lei nº 9.957, de 2000; Lei nº 9.958, de 2000; Lei nº 10.035, de 2000; MP nº 2.226, de 2001; EC nº 24, de 1999, entre outros.
[115] Em cada TRT, nomeia-se um gestor de uma senha, que distribui senhas individuais aos juízes de primeiro grau, as quais dão acesso direto, via internet, ao sistema de dados sob guarda do Bacen e protegido pelo sigilo.

advogados de empresas, que invocam o art. 620 do Código de Processo Civil ("Quando por vários meios o credor puder promover a execução, o juiz mandará que se faça pelo modo menos gravoso para o devedor"). Questiona-se também a constitucionalidade do convênio entre os tribunais e o Bacen, mas já houve pronunciamento da Justiça no sentido de admitir a penhora online. De novo no mecanismo só a tecnologia. Antes, o oficial de justiça ia à agência bancária, uma de cada vez, intimar o gerente a bloquear as contas, mas era mais comum que o gerente do banco avisasse seu cliente, que tratava de transferir os valores dessa conta para outro banco.

Substituição processual

Segundo prevê o art. 8º da CF/88, em seu inciso III, "ao sindicato cabe a defesa dos direitos e interesses coletivos ou individuais da categoria, inclusive em questões judiciais ou administrativas". A leitura desse texto pode dar a entender que nosso ordenamento abriga um mecanismo inteligente e facilitador do acesso à Justiça pelo trabalhador. Permitiria que ele (o trabalhador), quando se sentindo lesado em seus direitos, transferisse o ônus da ação para o sindicato, mais precisamente, para o departamento jurídico do sindicato, muito mais bem aparelhado para enfrentar o processo judicial. Tanto pouparia o trabalhador dos ônus financeiros, técnicos e de outros constrangimentos próprios da promoção da ação judicial, como também do desagrado de seu empregador. A eficiência desse instrumento no processo trabalhista foi, no entanto, comprometida pela importação direta do instituto do Código de Processo Civil. De fato, a "substituição processual" excepciona a regra geral de que "ninguém pode pleitear, em nome próprio, direito alheio, salvo quando autorizado por lei", inscrito no art. 6º do Código de Processo Civil, que merecia ser reformulado para adequação à lide trabalhista, como parecia ser a intenção da CLT, atenta às vantagens da substituição processual do empregado pelo sindicato. Assim, em alguns artigos da CLT, e em leis esparsas,[116] há autorização para substituição processual, mas a prática judicial

---

[116] Citamos as leis e a interpretação dada a elas pelo Judiciário Trabalhista: "A substituição processual autorizada ao sindicato pelas Leis nºs 6.708/79 e 7.238/84, limitada aos associados, restringe-se às demandas que visem aos reajustes salariais, previstos em lei, ajuizadas em 03/07/1989, data em que entrou em vigor a Lei nº 7.788/89. Essa lei assegurou, durante sua vigência, a legitimidade do sindicato como substituto processual da categoria. A substituição processual autorizada pela Lei nº 8.073/90 ao sindicato alcança todos os integrantes da categoria e é restrita às demandas que visem à satisfação de reajustes salariais específicos resultantes de disposição prevista em lei de política salarial". Texto do Enunciado nº 310, do TST, vigente até outubro de 2003.

tratou de limitar o manejo desse instrumento a ações de cumprimento (quando o empregador não cumpre termos de acordo/convenção coletiva — art. 872 da CLT) ou aquelas que tenham por objeto apuração de periculosidade ou insalubridade (art. 195 da CLT). A Súmula nº 310 do TST, que começa por anunciar que "o art. 8º, III, da Constituição da República não assegura a substituição processual pelo sindicato", vigente por 10 anos, até outubro de 2003, consagra e reforça o entendimento restrito e tímido da substituição processual em âmbito trabalhista, mas seu cancelamento ocorrido recentemente pode ser indicativo de nova postura. Em complemento, resolução recente do TST, de março de 2005, assegura que o sindicato "possui legitimidade para, na qualidade de substituto processual, impetrar mandado de segurança coletivo para a defesa de direitos subjetivos de parcela de seus associados, ainda que tais direitos não estejam afetos necessariamente à totalidade dos integrantes da categoria".[117]

Processo coletivo do trabalho

O processo coletivo do trabalho é bastante simplificado, haja vista o caráter mais político que jurídico das reivindicações coletivas. Mas essa simplicidade formal dissimula a existência de complexos mecanismos — como o poder normativo do juiz nos dissídios coletivos e a possibilidade de ser iniciado o processo *ex officio*, ou seja, por iniciativa do presidente do TRT ou a requerimento do Ministério Público do Trabalho, quando houver suspensão do trabalho (ou seja, greve). Isto é, a ação coletiva, que deve ser ordinariamente proposta por sindicato, pode ser iniciada pelo Ministério Público do Trabalho, e até a EC nº 45, pelo presidente do TRT, quando houver suspensão do trabalho. Iniciado o processo, e frustrada a conciliação entre as partes, o juiz trabalhista possui uma competência normativa de criar novas condições de trabalho para reger as relações entre empregados e empregadores em litígio. Num sistema de separação de poderes, como o nosso, cabe ao Judiciário aplicar a lei, a convenção, o contrato, e não estabelecer cláusulas relativas a condições de trabalho, remuneração etc., em sede de sentença judicial, que, nesse caso, denomina-se "sentença normativa". No entanto o caráter coletivo do conflito, a suspensão do trabalho, a presença de interesse público com certeza influíram no ânimo do legislador quando criou o poder normativo para o juiz trabalhista. A CF/88 reafirmou esse poder no art. 114, §2º, mas já com algumas ressalvas, como última via, posterior à negociação coletiva diretamente entre

---

[117] Recurso Extraordinário nº 284.993 de 4 de março de 2005, de um sindicato de policiais civis contra o estado do Espírito Santo. Decisão da ministra Ellen Gracie.

as partes e posterior à alternativa de arbitramento do conflito. Ainda mais recentemente (EC nº 45, de 30 de dezembro de 2004), limitou a iniciativa do dissídio coletivo ao Ministério Público do Trabalho, e, assim mesmo, quando houver greve em atividades essenciais.[118]

Os dissídios coletivos e o poder normativo da Justiça do Trabalho estão em desuso (figura 4). Não mais agradam aos sindicatos, que se vêem engessados pelas condições fixadas pelos juízes; e não agradam a empregadores, já que a simples existência e a vigência de sentença normativa, se não atendem aos anseios da categoria, não impedem as greves. Aliás as tentativas de "judicializar" a greve soam como artifícios que, quando funcionam, são dispensáveis, já que o acordo que põe fim à greve seria obtido com ou sem intervenção do juiz; e quando não funcionam, não é o fato de ser declarada abusiva que faz esvaziar os movimentos grevistas.

Figura 4
Número de dissídios coletivos na Justiça do Trabalho (Brasil, 1985-2002)

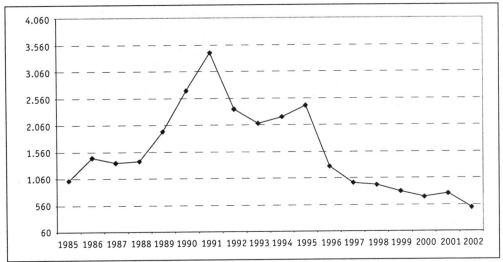

Fonte: TST.

Estrutura e ação da Justiça do Trabalho

Como já se disse, a Justiça do Trabalho brasileira está instalada em todo o país por meio das varas do Trabalho (*grosso modo*, cobrindo a área de um município), dos tribunais regionais (cobrindo quase sempre os estados) e do TST. Como

---

[118] As atividades essenciais estão definidas na Lei nº 7.783/89.

se pode perceber pela tabela 14, em 1995 o Brasil contava com perto de 2 mil juízes togados em suas diversas instâncias, dos quais 41% eram mulheres. Em 2003 esses números tinham subido para mais de 2.500 e 46%, respectivamente, um crescimento de 22% no número absoluto de juízes e de mais de 10% na participação das mulheres na carreira judicial do trabalho. Interessante notar que a proporção de juízas cresce à medida que se desce na pirâmide das instâncias. No TST havia apenas uma mulher ao longo do período (nenhuma em 1999 e 2000). Nos TRTs sua participação saltou de um quarto para mais de um terço em nove anos, e era de quase metade do total nas varas do Trabalho em 2003. Esse crescimento no número de juízes nos últimos anos tem contribuído para a renovação da categoria. Cerca de 50% deles tinham de 21 a 40 anos de idade nesse mesmo ano de 2003, e apenas 20% tinham 51 anos ou mais.

Tabela 14
Juízes togados nas diversas instâncias da Justiça do Trabalho brasileira e proporção de mulheres entre eles (1995-2003)

Instância	1995	1996	1997	1998	1999	2000	2001	2002	2003
TST	15	17	16	17	17	15	16	16	17
Proporção de mulheres	6,7	5,9	6,3	5,9	0	0	6,3	6,3	5,9
TRT	299	299	286	283	290	287	346	434	440
Proporção de mulheres	24,7	27,1	28,3	29	30,7	33,1	37	39,6	38,4
VT	1.751	1.849	1.904	1.967	2.008	2.070	2.105	2.084	2.068
Proporção de mulheres	44	45,1	45,5	46,7	47,2	47,2	46,9	47,5	48
Total	2.065	2.165	2.206	2.267	2.315	2.372	2.467	2.534	2.525
Proporção de mulheres	40,9	42,3	43	44,2	44,8	45,2	45,2	45,9	46,1

Fonte: TST.

A mesma fonte informa que, em 2003, 5% dos juízes estavam na Região Norte, 23% no Nordeste, 5% no Centro-Oeste, 47% no Sudeste e 19% no Sul. Essa distribuição era proporcional ao tamanho da PEA em cada região, com leve superestimação da presença de juízes nas regiões Sudeste e Sul em detrimento do Nordeste e do Centro-Oeste (tabela 15).

Tabela 15
Distribuição dos juízes e da PEA por grandes regiões do país, 2003
(%)

Região	Distribuição de juízes	PEA em 2003
Norte	5,3	5,3
Nordeste	22,8	27,3
Centro-Oeste	4,8	7,2
Sudeste	47	43
Sul	19,4	17

Fontes: TST e Pnad 2003.

O crescimento do número de juízes acompanha o da quantidade de processos que entram na primeira instância da Justiça do Trabalho. Em 1980 eles eram pouco mais de 670 mil. Em 1997, atingiram o pico de 2 milhões de processos, tendo se estabilizado em torno de 1,7 milhão a partir de 2000 (figura 5). Se considerarmos que entre 10 milhões e 12 milhões de pessoas perdem seus empregos no mercado formal de trabalho todos os anos no Brasil, podemos estimar entre 14% e 17% a taxa de recurso à Justiça por parte da população com maior potencial de mover um processo, que são os trabalhadores demitidos.[119]

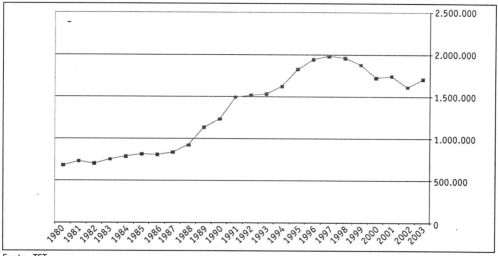

Figura 5
Processos recebidos pelas varas do Trabalho (Brasil, 1980-2003)

Fonte: TST.

---

[119] Em Cardoso (2003), mostrou-se que a imensa maioria (mais de 90%) dos processos trabalhistas na Justiça do Rio de Janeiro demanda verbas rescisórias, sendo, portanto, movidos por trabalhadores demitidos.

114 | As normas e os fatos

Vale marcar que o crescimento no número de processos entre 1980 e 2000 superou o crescimento da PEA (Cardoso, 2003; Manão, 2004), tendo se intensificado sensivelmente depois da CF/88.

O fluxo processual é uma das medidas de eficiência do sistema judicial trabalhista. Se o sistema consegue processar as demandas que recebe (nesse momento independentemente de sua eficácia), pode ser considerado eficiente. A figura 6 mostra a proporção dos processos recebidos pelas varas do Trabalho a cada ano no país desde 1941 e que foram efetivamente julgados no mesmo ano. Note-se que a curva encontra-se quase sempre abaixo da linha demarcatória dos 100%, o que significa que, na maioria das vezes, há um resíduo de processos não-julgados que é transferido para o ano seguinte. As distorções mais graves ocorreram no período que vai de 1973 a 1991, com eficiência decrescente e intensa. No último ano desse período a taxa de julgamentos foi de 84,4% dos quase 1,5 milhão de processos recebidos. Desde então o sistema vem se aperfeiçoando e, no período 1999-2001, parte do atraso foi sanada com o julgamento de cerca de 270 mil processos a mais do que os acolhidos nos três anos. De qualquer modo, considerando que, em 2003, havia 2.068 juízes nas varas do Trabalho, cada um teve que julgar, em média, 1.100 processos, ou cinco processos por dia útil de trabalho. É muito provável que a melhoria da eficiência do sistema a partir de 1995 esteja refletindo o aumento do número de juízes na primeira instância da Justiça do Trabalho, acompanhado da redução da quantidade de processos acolhidos a partir de 1998.

Figura 6
Proporção de processos julgados em relação àqueles recebidos pelas varas do Trabalho (Brasil, 1941-2003)

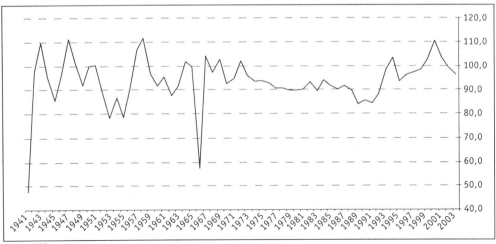

Fonte: TST.

Isto posto, vejamos em maior detalhe a dinâmica processual, para avaliar se ela cumpre suas promessas em termos de celeridade, conciliação e gratuidade, com isso garantindo os direitos dos trabalhadores. Iniciemos pela conciliação. A tabela 16 mostra os resultados agregados da atividade judicial na década de 1990. As conciliações representaram, na média do período, 45% dos processos, com desvio-padrão de 1,5 ponto percentual. Essa média representa uma queda significativa em relação à década anterior. Em 1985, por exemplo, a taxa de conciliações foi de 57% dos processos. Assim, embora a conciliação seja o resultado mais provável entre seis possíveis, ela não chegou à metade dos processos acolhidos pela Justiça do Trabalho no Brasil nos anos 1990.

Entre os outros resultados prováveis, pouco menos da metade "dos processos não-conciliados" é julgada procedente no todo ou em parte, enquanto a outra metade é julgada improcedente, ou é arquivada, ou extinta, ou a parte demandante desiste da ação. Ou seja, 70% das demandas recebidas, em média, são efetivamente submetidas aos ritos do processo judicial trabalhista, sendo 45% conciliadas e 25% julgadas. Pode-se dizer, pois, que a taxa de reconhecimento da legitimidade das demandas trabalhistas por parte da Justiça do Trabalho é de 70%. Ou, por outra, essa é a proporção de processos que, uma vez entrados nas varas do Trabalho, seguirão os ritos judiciais, podendo resultar em conciliações ou sentenças. Além disso, parece claro que a Justiça do Trabalho tende a não acatar os conteúdos dos processos em sua totalidade. Apenas pouco mais de 2% deles foram julgados totalmente procedentes.

Tabela 16
Resultados dos processos na Justiça do Trabalho brasileira (1991-2000)

Ano	Conciliações	Procedentes	Procedentes em parte	Improcedentes	Arquivadas, desistências e extintas	Outras decisões	No país
1991	48,11	4,01	19,86	5,89	17,82	4,3	1.263.492
1992	44,69	3,73	21,53	6,2	19,76	4,08	1.337.986
1993	43,1	3,02	22,45	6,76	18,92	5,75	1.507.955
1994	44,01	2,74	23,36	7,17	18,22	4,5	1.676.186
1995	46,96	2,36	22,9	6,94	17,84	3	1.705.052
1996	45,71	2,31	23,22	6,64	19,39	2,73	1.864.754
1997	44,71	2,17	23,38	7,02	20,03	2,68	1.922.367
1998	45,07	2,18	22,24	7,18	19,59	3,73	1.928.632
1999	46,88	2,13	22,36	7,01	19,27	2,35	1.919.041
2000	45,09	2,28	21,73	7,29	21,75	1,86	1.897.180

Fonte: Elaborada a partir de dados fornecidos pelo TST.

Quanto ao valor das causas, algumas tendências podem ser claramente identificadas (tabela 17). Em primeiro lugar, as causas conciliadas são, nitidamente, de valor mais baixo do que aquelas que vão a julgamento. As causas julgadas procedentes ou procedentes em parte foram, em média, 2,3 vezes mais caras do que as conciliadas. As causas julgadas improcedentes são ainda mais caras, chegando a cinco vezes o valor das conciliadas em 2002. Em segundo lugar, é impressionante a estabilidade da média das causas conciliadas, girando em torno de R$ 3,6 mil em sete anos. É como se o sistema judicial como um todo, juízes, advogados, reclamantes e reclamados tivessem feito um acordo tácito quanto ao montante de uma causa passível de conciliação, e esse montante era, em média, próximo a 11 vezes o salário mínimo. Finalmente, as causas procedentes em parte têm valores sempre superiores às procedentes depois de 1998, e as improcedentes, sempre maiores do que as procedentes em parte.

Tabela 17
Valor médio das causas trabalhistas, segundo resultado do processo (Brasil, 1996-2002 — valores reais de dez. 2002)

Ano	Conciliações	Procedentes	Procedentes em parte	Improcedentes
1996	3.608,28	12.468,31	7.070,40	7.146,26
1997	3.394,89	8.886,91	7.335,91	11.895,10
1998	3.809,61	6.572,58	7.438,40	8.644,69
1999	3.506,21	7.248,71	7.285,07	7.774,20
2000	3.846,64	8.439,87	11.733,48	13.093,66
2001	3.470,43	6.766,37	9.347,48	16.135,89
2002	3.653,29	8.272,84	9.468,51	17.974,28

Fonte: Elaborada a partir de dados fornecidos pelo TST.

Ao que parece, a Justiça do Trabalho tende a acolher sem restrições as causas mais baratas, impondo limites crescentes quanto maior o valor pedido. É preciso lembrar que o valor de uma causa nem sempre (talvez quase nunca) expressa um direito, no sentido de burla da legislação por parte dos empregadores. Em geral, como já se disse, os advogados trabalhistas tendem a inflar as demandas para otimizar o resultado do processo de conciliação, quando, por praxe, o trabalhador abre mão de parte de seus direitos em nome de um desenlace mais rápido. Isso quer dizer, também, que o valor da causa raramente será efetivamente observado pelo juiz quando da lavratura da sentença.

Conteúdo das demandas

Se é verdade que o sistema vem ganhando em eficiência, cabe avaliar os resultados do trâmite processual do ponto de vista de sua eficácia em termos da garantia de direitos aos trabalhadores. Por outras palavras, como a Justiça do Trabalho passou a desempenhar um papel fundamental nas relações de classe, acolhendo milhões de demandas trabalhistas a cada ano, importa saber até que ponto o movimento dos trabalhadores em direção a esse "guardião das promessas"[120] encontra resposta em termos da garantia de seus direitos. Para a investigação desse problema, nesta seção procede-se ao estudo mais aprofundado do andamento processual, com base em 207 processos colhidos em 28 varas do Trabalho do Rio de Janeiro em 2004, cobrindo sobretudo o período de 1995 a 2000.[121] Iniciamos a análise pela proporção de deferimentos dos pedidos entrados na Justiça no período. Conforme mostra a figura 7, dos processos analisados, 49% tiveram o total ou a maior parte de seu conteúdo deferido, contra 51% de indeferimentos totais ou parciais. Deferimentos ou indeferimentos *in totum* representaram um terço dos processos cada um.

Figura 7
Proporção de deferimentos e indeferimentos dos processos na Justiça do Trabalho do Rio de Janeiro

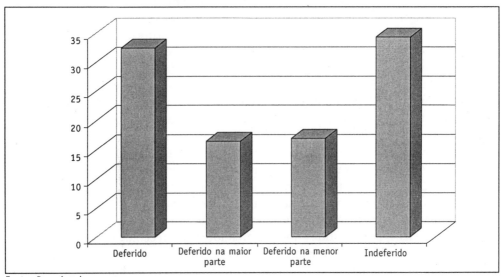

Fonte: Pesquisa de campo.

---

[120] Cf. Garapon (1996).
[121] Esse levantamento foi realizado no arquivo da Justiça do Trabalho em Niterói, onde os processos são arquivados. O procedimento de seleção submeteu-se à disponibilidade de processos no momento da coleta, não obedecendo a método aleatório estrito. Contudo, cotejando com levantamento maior analisado em Cardoso (2003), o conteúdo das demandas e os setores econômicos contemplados apresentaram correlação (Pearson) de 0,95 e 0,96, respectivamente, o que permite a generalização dos achados desta seção.

Esmiuçando um pouco mais esses dados, a tabela 18 mostra a distribuição das demandas segundo grupos de direitos demandados, indicando se os pedidos foram ou não deferidos pelos juízes do trabalho. Alguns comentários se impõem. Em primeiro lugar, aqui, como antes, a quase totalidade dos processos (93%) continha algum item relativo à remuneração. Pedidos de verbas rescisórias apareciam em 88% dos casos. Dois terços dos processos tinham algum pedido relativo à jornada de trabalho e metade pedia algum direito relacionado com o vínculo de trabalho, como o reconhecimento do vínculo ou a assinatura da carteira de trabalho. Direitos previdenciários e direitos convencionais eram bastante raros. Em complemento a isso, a segunda coluna de dados da tabela mostra que 39% de todos os itens demandados referiam-se à remuneração, seguindo-se o pagamento de verbas rescisórias, com 29% do total. Somados, os dois itens compõem quase 70% do conteúdo das demandas processadas pela Justiça Trabalhista na segunda metade da década de 1990. Em segundo lugar, avaliando os totais da tabela, percebe-se que a proporção de processos deferidos ou indeferidos *in totum* é muito semelhante, em torno de um terço em cada caso. Se somarmos aos processos deferidos aqueles deferidos na maior parte, temos quase metade dos casos, restando a outra metade para os indeferidos no todo ou na maior parte.[122] Em terceiro lugar, a proporção de indeferimentos é estável, em torno de um terço dos processos, exceto para aqueles com pedidos de natureza previdenciária e relativos ao vínculo empregatício. Nesses casos a proporção de indeferimento ultrapassa 41%. Se somarmos a esses os processos indeferidos na maior parte, aqueles que apresentam pedidos de natureza previdenciária são rechaçados ou restritos em seu conteúdo em 67% das vezes.

Por seu lado, a proporção de processos deferidos *in totum* varia segundo a freqüência de determinadas demandas. Assim, cerca de 18% dos processos apresentaram alguma demanda relativa a direitos contratuais ou convencionais, e apenas 19% deles foram acolhidos em sua totalidade. Demandas relacionadas com condições de trabalho também são pouco acolhidas pela Justiça em termos relativos. Nos processos em que essas demandas aparecem (23% do total), menos de um quarto foi deferido em sua totalidade. Na outra ponta, demandas relativas a verbas rescisórias são totalmente acolhidas em mais de um terço dos casos. Note-se que essas são, também, as que apresentaram a segunda maior freqüência nos processos analisados (88% deles). A figura 8 mostra a distribuição do deferimento segundo o tipo de direito demandado. Como parece claro, as demandas dos trabalhadores são recebidas com ressalvas na Justiça do Trabalho do Rio de Janeiro, uma vez que um terço delas sofre alguma restrição (deferimento ou indeferimento parcial) e outro terço é rechaçado em sua totalidade. Isso decorrerá, supõe-se, de uma dinâmica própria do trâmite processual, que faz com que os advogados trabalhistas formulem demandas muito extensas na esperança de conseguir algum tipo de acordo favorável a seus representados.

---

[122] Para efeitos desta análise, os processos em que metade das demandas foi deferida e metade indeferida foram classificados como "deferidos na maior parte", numa classificação com viés em favor da eficácia da Justiça do Trabalho.

Tabela 18
Conteúdo das demandas e proporção de deferimentos e indeferimentos nas varas do Trabalho do Rio de Janeiro (1995-2000)

Demandas	Proporção de processos que apresentaram o pedido	Proporção dos pedidos no total dos processos	Número de pedidos	Deferido	Deferido na maior parte	Indeferido na maior parte	Indeferido
De natureza previdenciária ou vinculadas	10	1,3	24	29,2	4,2	25,0	41,7
Relativas à convenção ou acordo coletivo	17,7	2	37	18,9	24,3	24,3	32,4
Condições de trabalho	23	3	56	23,2	17,9	21,4	37,5
Relativas ao vínculo de emprego	53,6	8,4	157	28	14,6	14,6	42,7
Outros pedidos	57,4	7	131	25,2	22,9	19,8	32,1
Jornada de trabalho	64,6	11,3	210	31,4	16,7	18,6	33,3
Verbas rescisórias	88	28,5	532	36,1	14,8	18	31
Remuneração	93,8	38,5	718	32,2	18,5	16,6	32,7
Total	207	100	1.865	32,4	16,4	16,9	34,3

Fonte: Pesquisa de campo.

120 | As normas e os fatos

Figura 8
Taxas de deferimento e indeferimento dos processos, segundo o conteúdo das demandas (Rio de Janeiro, 1995-2000)

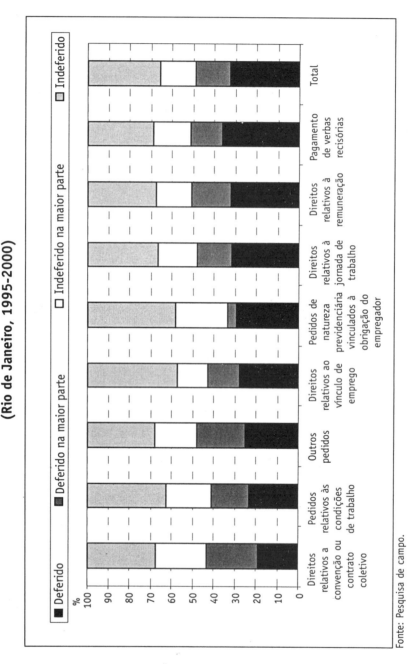

Fonte: Pesquisa de campo.

Os deferimentos, totais ou parciais, variaram ao longo dos últimos anos da década de 1990. A série histórica é pequena, não permitindo conclusões mais incisivas. Mas ela sugere um movimento sazonal, com altos e baixos na disposição da Justiça para acolher as demandas dos trabalhadores. Entre 70% e 80% dos processos foram acolhidos no todo ou em parte até 1997, num movimento ascendente que, a partir daí, é revertido, chegando-se em 2000 com menos de 40% dos processos sendo julgados procedentes no todo ou em parte (figura 9). O ano de 1997 foi o ano de pico das demandas judiciais no país e também no Rio de Janeiro (Cardoso, 2003). A curva do deferimento (favorável aos trabalhadores) acompanhou, nesse sentido, o movimento de crescimento e, depois, de queda no número absoluto de demandas trabalhistas.

Figura 9
Taxa de deferimento e indeferimento dos processos por ano de entrada na Justiça do Trabalho (Rio de Janeiro, 1995-2000)

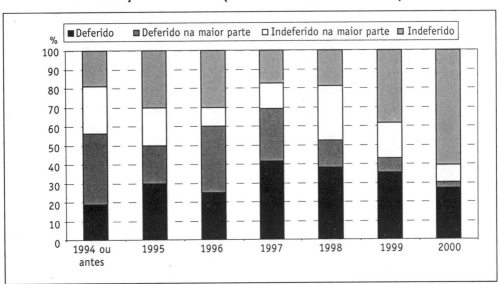

Fonte: Pesquisa de campo.

A proporção de deferimentos não é indiferente ao valor das causas. Agrupando-se a distribuição do valor real das demandas em intervalos equivalentes de 20% (quintis), tem-se que, quanto maior seu valor, maiores as chances de que uma causa seja acolhida pela Justiça no todo ou em parte (figura 10). Assim, no quintil mais alto, com causas superiores a R$ 3.450, a chance de que elas sejam acolhidas no todo ou em parte é de mais de 60%. Alternativamente, no segundo quintil (causas de R$ 490 a R$ 723) essa chance é de apenas 38%. É verdade que as causas pequenas, de até R$ 490, também são acolhidas no todo ou em parte em 53% dos casos. Mas essa é uma exceção que confirma a regra geral. É bom notar que não há uma relação entre valor da causa e salário recebido pelo trabalhador no momento do início do processo (a correlação de Pearson entre as duas variáveis é nula).

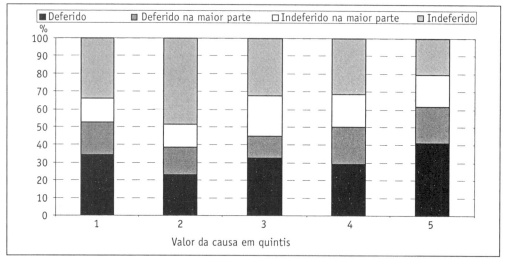

Figura 10
Taxa de deferimento e indeferimento dos processos segundo quintis de valor das causas

Fonte: Pesquisa de campo.

Analisando-se, pois, apenas a dinâmica da acolhida dos processos pela Justiça do Trabalho do Rio, tudo indica que as chances de os trabalhadores terem suas demandas deferidas, no todo ou em parte, varia de 50% a 80%, dependendo do valor da causa. Essa chance varia, também, ao longo dos anos, segundo conjunturas que devem ter a ver tanto com aspectos externos à Justiça, como a conjuntura econômica, quanto com a dinâmica processual propriamente dita. Essas restrições, porém, não podem ser adequadamente avaliadas com séries históricas tão curtas como a que estamos avaliando aqui.[123]

Vejamos, agora, o que ocorreu com os processos que tiveram o total ou parte de suas demandas deferidos (dois terços deles) — o que quer dizer que os

---

[123] É preciso repetir que, após cinco anos de arquivamento final, os processos são destruídos, impedindo a reconstrução de séries históricas mais largas.

trabalhadores tiveram seus direitos "reconhecidos" pela Justiça do Trabalho —, avaliando a eficácia processual em termos da "garantia" de que os direitos assim reconhecidos tenham sido contemplados. Antes de passar à análise dos dados disponíveis, é preciso lembrar que o desenho do processo trabalhista dificulta a construção de medidas estritas de eficácia processual. Isso decorre de algo que já se comentou: os valores das causas são arbitrários, não refletindo os direitos efetivamente negados durante a vigência do contrato ou na demissão. Com isso, foi preciso combinar critérios, e aqui operaremos com a seguinte classificação de eficácia:

- se todos os pedidos foram deferidos e se o trabalhador recebeu o que o juiz do trabalho determinou por sentença, o processo foi julgado favorável ao trabalhador;
- se a maioria dos pedidos foi deferida e se o trabalhador recebeu o que o juiz do trabalho determinou por sentença, o processo foi julgado favorável na maior parte;
- se houve conciliação quando o trabalhador foi levado a abrir mão de parte do que teria direito, o processo foi considerado favorável em parte e desfavorável em parte;
- se a maioria dos pedidos foi indeferida e o trabalhador recebeu apenas uma parte do que tinha direito por sentença, o processo foi considerado desfavorável na maior parte;
- se o trabalhador não recebeu o que tinha direito por sentença (falência da empresa, desistência ou outra razão qualquer), o processo foi considerado desfavorável.

A figura 11 revela que, de modo geral, uma vez deferidos os pedidos, metade dos processos tem resultado favorável ao trabalhador. Dez por cento deles foram totalmente favoráveis e 40% favoráveis na maior parte. Outros 15% resultaram em perdas e ganhos eqüidistantes. Os processos francamente desfavoráveis foram apenas 30% do total. Por esses dados somos levados a crer que o sistema judicial cumpre sua função de guardião dos direitos trabalhistas.

Contudo, essa constatação precisa ser mais bem qualificada. Se recordarmos que dois terços dos processos foram deferidos no todo ou em parte, e que pouco menos da metade deles é francamente favorável aos trabalhadores, então tem-se que não mais do que 32% de todos os processos entrados na Justiça Trabalhista do Rio de Janeiro podem ser considerados indubitavelmente satisfatórios do ponto de vista de assegurar os direitos trabalhistas burlados (ou percebidos como tal, já que o trabalhador recorreu à Justiça) durante a vigência ou ao final dos contratos de trabalho. Outros 10% (15% de 66%) têm resultados intermediários, favorecendo ambas as partes. "A Justiça do Trabalho do Rio foi ineficaz como garantidora de direitos dos trabalhadores em 58% dos casos", seja por não acolher as demandas, seja por acolhê-las (no todo ou em parte), mas ditar sentenças desfavoráveis à parte mais fraca.

Figura 11
Resultado dos processos trabalhistas para o trabalhador (cidade do Rio de Janeiro)

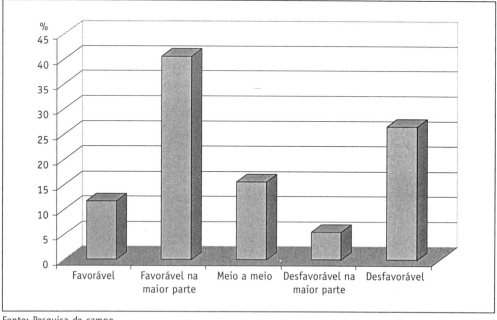

Fonte: Pesquisa de campo.

Essa conclusão geral se sustenta mesmo quando controlamos pelo conteúdo das demandas e por seu valor. É o que revelam os gráficos a seguir. Ao contrário do que ocorreu quanto às taxas de deferimento dos processos, os julgamentos foram menos favoráveis nas duas pontas da distribuição, ou seja, os processos mais baratos e os mais caros. Isto é, os processos mais baratos e os mais caros são deferidos em maior proporção, mas as sentenças lhes são proporcionalmente mais desfavoráveis. Os processos de valor ao redor do segundo quintil da distribuição têm taxas menores de deferimento, mas seu resultado é proporcionalmente muito mais favorável do que os demais (figura 12).

Desenho e desempenho da Justiça do Trabalho | 125

Figura 12
Resultado dos processos trabalhistas, para o trabalhador, segundo estratos de valor da causa (cidade do Rio de Janeiro)

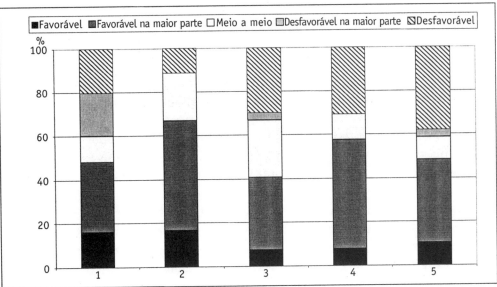

Fonte: Pesquisa de campo.

A eficácia processual varia pouco segundo o conteúdo das demandas. Apenas direitos previdenciários (devidos pelo empregador) têm distribuição francamente desfavorável, com menos de 30% dos pedidos resultando em sentenças em favor do trabalhador (figura 12). Nos outros casos as taxas de eficácia para o trabalhador variam de 50% a 60%. São relativamente indiferentes, nesse sentido, os direitos demandados. Em qualquer caso a taxa de sentenças majoritariamente favoráveis nos processos deferidos é apenas ligeiramente superior à metade.

Em suma, pode-se dizer que a Justiça Trabalhista do Rio reconhece as demandas dos trabalhadores a uma taxa igual a dois terços dos processos, já que essa é a proporção de deferimentos (totais ou parciais) encontrada. E ela julga favoravelmente à parte mais fraca a uma taxa de 40% do total de processos que entram nas varas do Trabalho. Difícil dizer se esses montantes são adequados do ponto de vista do papel que cabe à Justiça do Trabalho num modelo legislado como o brasileiro, que é o de servir de última instância de guarda dos direitos do trabalho. Quarenta por cento de resultados favoráveis não parecem, à primeira vista, um resultado alvissareiro, posto que minoritário em relação às demandas dirigidas à Justiça. Contudo, se, como vimos, um terço dos processos é indeferido em sua totalidade, isso pode querer dizer várias coisas distintas:

- que certos juízes são mais impermeáveis às demandas dos trabalhadores do que outros;
- que os trabalhadores e seus advogados estão demandando na Justiça coisas a que não têm direito;
- que as peças processuais contêm falhas técnicas que impedem seu acolhimento pelo Judiciário;
- que as técnicas processuais já não obedecem aos princípios da celeridade e transparência, dificultando a adaptação dos trabalhadores às regras e assim por diante. Mas se concedermos que a Justiça do Trabalho é aberta e permeável à demanda por direitos, e que a taxa de indeferimentos reflete apenas a impertinência real de um terço das causas, então a proporção de resultados favoráveis no todo ou na maior parte sobe para mais de 50%, atingindo dois terços se considerarmos os resultados eqüidistantes para ambas as partes. Essa conclusão é apenas parcialmente coerente com a percepção de empresários e juízes do trabalho entrevistados para este livro, segundo a qual "a Justiça do Trabalho é do trabalhador".[124] Acresce que, no país como um todo, metade dos processos individuais do trabalho resulta em conciliação, o que quer dizer que o trabalhador abriu mão de parte do que demandara a princípio.

Conclusão

Essa talvez tenha sido, historicamente, a principal conseqüência de um problema importante de desenho do processo trabalhista: o princípio da celeridade encontrou resistências cada vez maiores e obrigou à edição da Lei nº 9.957/2000, que instituiu o procedimento sumaríssimo na Justiça do Trabalho, impelindo a que causas de valor inferior a 40 salários mínimos sejam solucionadas na primeira audiência.[125] Até a edição dessa lei os processos poderiam, potencialmente, durar tempo suficiente para que não se fizesse justiça. De fato, dados do TST informam que, entre 1998 e 2000, o tempo médio de um julgamento no país tinha sido de seis meses. Contudo esse tempo incluía processos julgados e processos conciliados. Por definição, conciliação não é sentença judicial e muitas vezes ocorre na primeira audiência, puxando para baixo a média geral de duração de um processo. Um processo efetivamente julgado no país (cerca de 30% em média na década de

---

[124] Frase ouvida de dois empresários, um advogado trabalhista e numa entrevista com um grupo de oito juízes do trabalho.
[125] Entre junho e dezembro de 2000, segundo dados do TST, 38% de todos os processos entrados na primeira instância da Justiça do Trabalho foram solucionados pelo procedimento sumaríssimo.

Desenho e desempenho da Justiça do Trabalho | 127

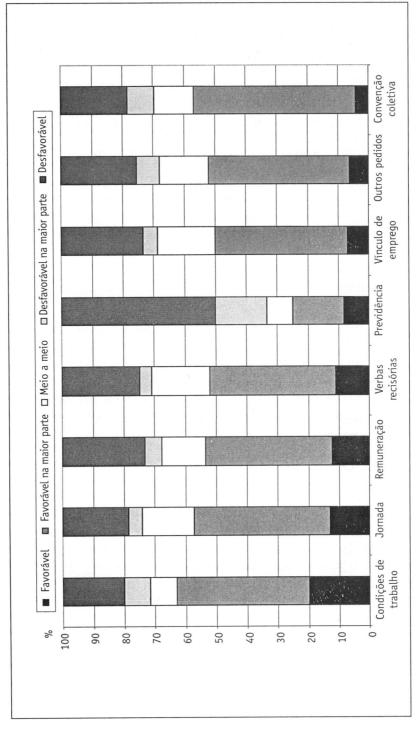

Figura 13
Resultado dos processos trabalhistas, para o trabalhador, segundo o tipo de demanda (cidade do Rio de Janeiro)

Fonte: Pesquisa de campo.

1990, conforme vimos na tabela 16), caso siga todas as instâncias, terá uma duração mínima de seis anos (Silva, 2000:30). Se a decisão é dada no TRT (segunda instância recursal), pode levar entre oito meses e um ano, durando três meses se terminar no primeiro grau, isto é, nas varas do Trabalho. Analisando processos entrados na segunda metade dos anos 1990 na primeira instância da Justiça do Trabalho do Rio de Janeiro, metade dos 207 pedidos teve duração de até cinco meses, mas 10% deles duraram 18 meses ou mais. Dos processos efetivamente julgados (exclusive conciliados), 25% tiveram duração de um ano ou mais (contra 12% dos conciliados).[126]

O fato de o princípio da celeridade ter ficado comprometido ao longo dos anos resultou na cristalização, entre operadores do direito, empresários e trabalhadores, da percepção de que a Justiça do Trabalho é lenta.[127] Isso teria contribuído para legitimar pelo menos três práticas perversas. Primeiro, os juízes propõem uma conciliação desde logo, em que os trabalhadores são levados a abrir mão de direitos, sob o argumento de que "é melhor um mau acordo agora do que uma sentença incerta em um tempo imponderável". Em segundo lugar, e levando isso em conta, os trabalhadores e seus advogados reforçaram a prática de pedir muito mais do que teriam direito para perder menos nas conciliações. Por fim, muitos trabalhadores entrariam na Justiça mesmo sem ter direitos claramente demarcados, na esperança de conseguir alguma coisa numa conciliação em que o empregador prefere pagar a incorrer nos custos de um processo a longo prazo. Em qualquer caso, a idéia da Justiça do Trabalho como guardiã dos direitos do trabalho fica comprometida. A instituição do procedimento sumaríssimo não resolve esse problema, na medida em que, ao obrigar a uma solução na primeira audiência, força a conciliação em que os trabalhadores são levados a conceder parte daquilo a que tinham direito.

É bom lembrar que os processos judiciais são, em sua imensa maioria, relativos a direitos burlados durante a vigência do contrato de trabalho e a direitos rescisórios, quase todos com contrapartidas monetárias e que o empregador, por qualquer razão, recusou-se a honrar. O fato de que o processo judicial resulta em concessões por parte do trabalhador torna-se um incentivo para que o empregador não cumpra a legislação, na esperança de que, na Justiça, pague menos do que

---

[126] Para que se tenha um termo de comparação, na Alemanha a proporção de processos solucionados em 12 meses ou mais foi de apenas 2,8% em 1994.
[127] Críticos do sistema judicial trabalhista argumentam que isso encarece os processos. Cálculos de Silva (2000:25) indicam que o custo médio de um processo para os cofres públicos equivaleria a 12 salários mínimos. De todo modo, Bensusán (2005) mostra que o Brasil é o país com menor taxa de processos que duram três anos ou mais, em comparação com Argentina, Chile e México.

pagaria se cumprisse a lei. Note-se que as multas por não-cumprimento da lei (como as férias pagas em dobro se não gozadas no tempo legal, a dobra do preço do trabalho no descanso semanal etc.) vão compor o passivo trabalhista que entrará na negociação mediada pelo juiz do trabalho. Lembramos que o fluir do tempo favorece o empregador, uma vez que só os últimos cinco anos, contados a partir do ajuizamento da ação, serão alcançados, em face do prazo prescricional que extingue os direitos do trabalhador.

No caso dos direitos coletivos, a Justiça do Trabalho já teve um papel central, posto que pode ditar sentenças normativas em dissídios coletivos. Vimos que esse mecanismo (dissídios, dos quais podem resultar sentenças normativas) entrou em desuso em anos recentes, estando abaixo dos 550 ao ano num mercado sindical onde ocorrem, anualmente, perto de 30 mil negociações coletivas. Embora em desuso, e bastante enfraquecido, o poder normativo permanece na legislação. A jurisprudência, no entanto, tem-se encaminhado no sentido de reconhecer, na intenção do legislador constituinte de 1988, a valorização da negociação e da autocomposição dos conflitos, rumo reafirmado pela Emenda Constitucional nº 45, que, no entanto, não ousou sepultá-lo de vez.

Na verdade, a autocomposição tem sido reforçada também no caso dos conflitos individuais, com a criação, em 2000, das CCPs. A intenção original do legislador, nesse caso o governo federal, que encaminhou o projeto ao Congresso, era obrigar a que "todas" as demandas trabalhistas de caráter individual fossem conciliadas em comissões extrajudiciais paritárias de empregados e empregadores, com a presença sindical, podendo ou não ser intermediadas por advogados. A idéia do anteprojeto era desafogar a Justiça do Trabalho, que, como vimos, recebia perto de 2 milhões de processos ao ano. Nas discussões no Congresso Nacional o projeto foi mudado, permanecendo as comissões como uma modalidade entre outras de solução de conflitos. E, de fato, o novo art. 625 da CLT assevera que: "Qualquer demanda de natureza trabalhista será submetida à Comissão...", e não "toda demanda". Em homenagem ainda ao inc. XXXV do art. 5º da CF/88,[128] os tribunais têm decidido por sua não-obrigatoriedade. Em 2002, segundo dados do MTE, havia 1.273 CCPs no país, das quais 949 de caráter intersindical, 306 envolvendo empresa e sindicato, 14 envolvendo grupos de empresas e quatro restritas a uma empresa.

O Judiciário Trabalhista sempre viu com maus olhos as comissões prévias, já que, se obrigatórias, retirariam do âmbito judicial o papel de guardião dos direitos do trabalho. Conforme advogados e juízes do trabalho entrevistados para este livro, as comissões são um caminho mais curto e eficiente para a perda de direi-

---

[128] CF, art. 5º, XXXV: "A lei não excluirá da apreciação do Poder Judiciário lesão ou ameaça a direito".

tos.[129] Com o entendimento de que não são obrigatórias, perderam muito de sua eficácia, já que o trabalhador pode, mesmo depois da conciliação extrajudicial, recorrer à Justiça do Trabalho. E vimos como o número de processos nessa Justiça continua na ordem de 1,7 milhão por ano.

Outra questão relevante, agora relativa ao trâmite processual propriamente dito, é o chamado "depósito recursal" instituído pelo art. 899 da CLT e regulado pela Lei Federal nº 8.542, de 23 de dezembro de 1992. Por essa lei, se uma empresa recorre da sentença judicial, em qualquer de suas instâncias, deve depositar na conta do FGTS do trabalhador "todo" o valor demandado no processo. Essa medida visava, originalmente, coibir medidas protelatórias destinadas tão-somente a adiar o pagamento dos direitos, muito comuns no caso do poder público e das grandes empresas. Em fevereiro de 1993 a Confederação Nacional da Indústria impetrou uma Ação Direta de Inconstitucionalidade da Lei nº 8.542, que cercearia o direito de defesa das empresas ao impor barreiras aos recursos. O STF não deu provimento à ação em 2004, ratificando o entendimento dos tribunais do trabalho no sentido da constitucionalidade do depósito. Segundo empresários entrevistados, a lei é injusta, sobretudo com as pequenas empresas, que, impossibilitadas de fazer o depósito, vêem-se forçadas a fazer acordos com o trabalhador mesmo quando esse não tem direito. Uma corregedora do trabalho nos disse em entrevista que isso pode de fato ocorrer, mas que o mais comum é que empresas pequenas com problemas momentâneos de caixa utilizem a morosidade da Justiça e a possibilidade de recursos sucessivos como forma de protelar o pagamento de direitos, e que o depósito recursal é de fato um estímulo à solução dos conflitos em primeira instância.

---

[129] E já vimos que abusos cometidos no âmbito dessas comissões levaram o Ministério do Trabalho a regular seu funcionamento em 2002.

4

Instituições e condições de mercado: desenho legal e desempenho real

Este capítulo avalia o desempenho real da legislação trabalhista em um segmento do mercado de trabalho fortemente marcado por relações informais de trabalho: a construção civil. O interesse aqui é avaliar até que ponto os agentes econômicos e os atores sociais se sentem vinculados pela legislação de proteção trabalhista, e até que ponto a legislação é adequada do ponto de vista do funcionamento dos empreendimentos. O compromisso entre eficácia econômica e proteção do trabalhador tem aqui um de seus momentos mais problemáticos. Como caso extremo, oferece uma oportunidade única para a identificação dos limites e oportunidades da regulação trabalhista no país.

A construção civil do Rio de Janeiro

O segmento de construção habitacional sofreu um processo intenso de reestruturação nos anos 1990, com o aprofundamento de duas tendências históricas do setor que, por cortarem longitudinal e transversalmente o processo produtivo, terminaram por resultar em mudanças qualitativas de monta: a informalização e a subcontratação ao longo da cadeia produtiva. Pensar em termos de cadeia produtiva ou de cadeia de valor ajuda a compreender a dinâmica das transformações[130] e a salientar uma limitação importante deste capítulo. Um edifício de apartamentos, por exemplo, resulta, boa parte das vezes, da associação entre pelo menos três conjuntos de empresas, maiores ou menores, dependendo do tamanho do empreendimento: uma corretora de imóveis, em geral dona do terreno e por vezes do

---

[130] A melhor referência para isso ainda é Gereffi (1994).

projeto; uma incorporadora ou construtora, responsável pela execução da obra; e um agente de vendas, que por vezes é a própria corretora inicial em associação com um ou mais bancos ou instituições financeiras. Do ponto de vista do empreendimento econômico, a cadeia de valor inclui desde o planejamento estratégico (em si mesmo já fase avançada do negócio) até a venda do último imóvel, passando pelos processos de licenciamento, avaliação de impacto urbano, desenho, construção propriamente dita, vendas etc. Um único empreendimento imobiliário vincula uma teia enorme de profissionais e segmentos econômicos por períodos mais ou menos curtos de tempo, dependendo do agente em questão e da fase da obra. Neste livro estaremos focalizando apenas o processo de "produção" propriamente dita do objeto imobiliário, a construção civil em sentido estrito. Ainda mais: daquele processo de produção interessa um momento específico, aquele que vincula sobretudo homens no trabalho quase sempre muito pesado de dar forma ao edifício ou residência. Momento, pois, em que "operários" são o agente principal das relações de trabalho.[131]

A ocupação na construção civil do Rio de Janeiro

A ocupação na construção civil sempre foi marcada por taxas relativas de informalidade bastante altas. Em 1991, contando-se os trabalhadores por conta própria, os sem registro e os aprendizes não-remunerados, 52% dos ocupados eram informais. Nos outros ramos da economia tomados em conjunto, essa mesma taxa era de apenas 25% (figura 13). Interessante notar que o assalariamento sem carteira era menos intenso do que seria de se esperar, estando no mesmo patamar da proporção encontrada para toda a população ocupada nos outros setores econômicos do Rio de Janeiro (em torno de 8%). O principal componente da taxa de informalidade era a proporção de trabalhadores por conta própria, que chegou a quase 44% do total dos ocupados em 1991. Esse dado merece um comentário.

---

[131] O trabalho qualitativo compõe-se de 12 entrevistas feitas com: trabalhadores (seis), sindicalistas (quatro) e donos de construtoras que são também líderes sindicais (dois). Além disso, foram levantados documentos nos sindicatos de trabalhadores e empregadores e estatísticas sobre acidentes de trabalho em sites oficiais. Foram também tabulados dados dos censos demográficos de 1991 e 2000 para respaldar a análise da informação qualitativa coletada. Reconhecemos que o material empírico não permite análises conclusivas, mas não há dúvida de que foi possível traçar um quadro aproximado das relações de trabalho no setor na cidade do Rio de Janeiro.

De modo geral, é possível esperar que, quanto menos qualificada a ocupação, maior a proporção de trabalhadores por conta própria sobre o total de ocupados em determinado grupo ocupacional. Isso decorre do caráter dual do mercado de trabalho na construção civil, em que, para uma parte importante da força de trabalho, majoritária e menos qualificada, o emprego é sazonal e por tarefa ou empreitada, enquanto para outra parte, minoritária, o emprego tende a ser mais estável e qualificado. Empresas construtoras costumam contratar terceiras para executar as obras, e essas terceiras costumam manter quadros estáveis de engenheiros e arquitetos, ou operar junto a escritórios de engenharia ou arquitetura cujos proprietários são os próprios profissionais. Profissionais de nível médio também são parte, em geral, dos quadros de empresas de prestação de serviços, mesmo que pequenas. Nem sempre esses profissionais têm carteira assinada, mas não raro são assalariados. Do mesmo modo, encarregados, mestres-de-obras e outros operários mais qualificados desempenham, em geral, o comando de outros trabalhadores, sendo os responsáveis pelo andamento das obras. Isso favorece sua contratação por empresas e sua relativa estabilidade nos empregos, por oposição aos trabalhadores do quarto grupo, os semi e não-qualificados, cujo exemplo mais saliente são os pedreiros. Devido ao fato de dependerem da conjunção de uma série de fatores fora de seu controle — tais como o ritmo das decisões de investimento habitacional do poder público ou das construtoras; a existência de informação adequada sobre trabalhos à disposição; redes de sociabilidade que assegurem alguma ocupação quando da queda do ciclo econômico — os pedreiros e trabalhadores correlatos estão sempre tendo de ocupar-se por conta própria, "se virar", como eles dizem quando não estão empregados em uma obra específica.

A figura 14 é bastante contundente em demonstrar a profunda deterioração das relações de trabalho na economia carioca como um todo e na construção civil em particular. Em 2000 os informais eram 66% dos ocupados na construção contra cerca de 46% dos empregados nos outros ramos. Em termos proporcionais, o crescimento da informalidade no restante da economia foi bem mais intenso, de quase 84% (46% contra os 25% de 10 anos antes), em contraste com os 27% de crescimento relativo na construção civil. Contudo chegou-se ao final da década com dois terços dos ocupados da construção civil tendo estabelecido relações precárias e extrínsecas à regulação trabalhista. Ou, por outra, não mais do que 34% dos ocupados tinham carteira assinada em 2000.

Esses dados expressam um intenso processo de precarização do emprego na construção civil do Rio de Janeiro na década de 1990. Dos 133 mil empregos existentes em 2000, nada menos do que 88 mil eram empregos sem carteira ou por conta própria. Apenas 45 mil trabalhadores ocupavam-se com carteira assinada. Dois anos depois, dados do Ministério do Trabalho computavam pouco mais de 54 mil empregos formais na construção civil da cidade.[132] Mantida a mesma proporção entre assalariamento registrado e ocupação informal de dois anos antes, pode-se estimar em perto de 171 mil o emprego total e em 117 mil o emprego informal em 2002. Mais do que isso, tomando-se em conta que 20% dos empregos em 2000 eram de assalariados sem carteira, seu número pode ter equivalido a 34 mil pessoas em 2002.

Figura 14
Taxa de informalidade na cidade do Rio de Janeiro (construção civil e demais ramos, 1991 e 2000)

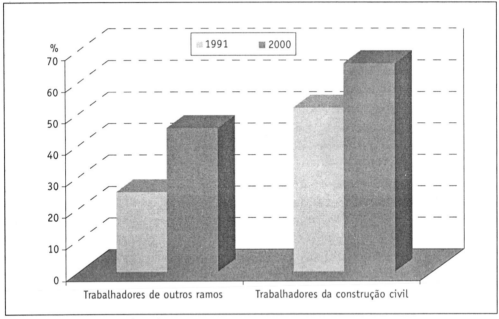

Fonte: IBGE. Censos demográficos de 1991 e 2000.

Contudo, é importante marcar que a informalidade definida como a soma do emprego assalariado sem registro e do emprego por conta própria não serve inteiramente aos propósitos dessa investigação. O panorama geral é importante para se ter uma idéia das dificuldades de se fazer cumprir a legislação trabalhista no setor. Mas esse setor da economia — como qualquer outro em um país desigual como o Brasil, e ainda mais em uma cidade com tradição de informalidade como

---

[132] Dados obtidos a partir da Rais, microdados.

o Rio de Janeiro — tem um mercado de trabalho muito complexo, no qual o problema de se aplicar ou não a lei pode nem mesmo se apresentar, por exemplo, para agentes econômicos (ou mesmo extra-econômicos) que se confrontam sem a mediação de um montante mínimo de capital que os leve sequer a tematizar aquela legislação. Um exemplo ajudará na compreensão do que se quer dizer.

Tome-se o caso de um construtor autônomo executando um serviço por empreitada para uma família (por exemplo, construindo sua casa de campo ou reformando seu apartamento na cidade). Dependendo do tamanho da obra, ele precisará contratar uma "turma" para executá-la. A relação com a família não tem caráter capitalista em sentido estrito, uma vez que o trabalho contratado não visa à produção de um valor de troca, mas sim de uma vivenda, um valor de uso que apenas muito mais tarde pode converter-se em um ativo caso se queira vendê-lo. Além disso, a pessoa, o familiar que contrata o construtor, pode ou não fazê-lo sob os auspícios da legislação trabalhista. Nada o impede, mas também nada o obriga. E fazendo-o ou não, isso não terá nenhum impacto sobre a dinâmica geral de operação do direito do trabalho, que não foi pensado para regular esse tipo de prestação de serviços. O caso, pois, não importa para os objetivos deste livro em particular, preocupado, entre outras coisas, com a eficácia ou não do direito como regulador das relações de trabalho. No entanto esse mercado miúdo dos serviços prestados às famílias é um dos nichos relevantes do emprego por conta própria na construção civil. Os dados disponíveis não permitem mensurar sua importância real, mas é de se supor que não seja desprezível.

Histórias de vida de trabalhadores entrevistados para este livro sugerem, ademais, que esse mercado é um "segmento" relativamente isolado, que não está integrado à dinâmica geral do mercado de trabalho assalariado do setor. Veja-se o caso de J. T., prestador de serviços para mais de 30 famílias na cidade do Rio de Janeiro:

> Cheguei aqui no Rio garoto, em 1969. Meu pai já morava aqui, vim porque ele chamou. Naquele tempo estavam começando a construir aqueles condomínios em São Conrado e ele chamou a família toda. Trabalhei muitos anos ali naqueles prédios. Então fiquei doente de alergia a cimento. Precisei parar. Fiquei uns meses sem poder trabalhar. Então comecei a fazer uma coisinha aqui, outra ali na casa de conhecidos, gente da favela mesmo. Aprendi a pintar parede, aplicar reboco, tudo de acabamento. Então me casei com a G., que trabalhava em casa de família. Um dia ela veio com a história de que o patrão queria reformar a casa e que ela tinha falado para ele que eu era o melhor pedreiro do mundo (risos). Fui lá, não dei nem chance dele pensar que eu não entendia de eletricidade e encanamento. Peguei o serviço, fiz tudo direitinho. Aí ele me indicou para um

amigo e assim fui indo, fui indo, de um amigo para outro. Nunca mais entrei num canteiro de obra na minha vida. Posso dizer isso com orgulho. Sou respeitado e trabalho com mais de 30 famílias.

Esse não é um caso isolado. J. T. é um representante de um tipo específico de trabalhador por conta própria da construção civil voltado para atividades quase invisíveis nos lares das classes médias ou mesmo das classes baixas ("comecei a fazer uma coisinha aqui, outra ali na casa de conhecidos, gente da favela mesmo", disse J. T.), atividades por sua própria natureza extrínsecas à legislação trabalhista.

O que é interessante marcar aqui é que, para J. T., é como se a legislação trabalhista "não fosse feita para ele", mesmo quando presta serviços a outras empresas. Dificilmente a regulação laboral penetrará esse tipo de relação de trabalho, mesmo se profundamente modificada para contemplar as especificidades das microempresas. Há, desde logo, um problema de escala dos recursos envolvidos que limita a troca de dinheiro por serviços a um mínimo a partir do qual toda a operação talvez se inviabilizasse, e nesse mínimo não estão incluídos direitos trabalhistas. E nunca se deve esquecer de que, numa situação em que dois terços dos empregos são informais e o desemprego atinge 11% da força de trabalho no Rio de Janeiro, haverá sempre alguém disposto a trabalhar pelo que o contratante (família ou empresa) está disposto a oferecer. Esse é, por si mesmo, um enorme limite à extensão da proteção legal a esses trabalhadores informais.

Custos de não cumprir a legislação na construção civil do Rio de Janeiro

Como vimos no capítulo 2, os aspectos relevantes quanto aos custos de não se cumprir a legislação dizem respeito a dois processos relacionados. Primeiro, as chances de o agente ilegal ser apanhado burlando a lei. Em segundo lugar, tendo sido apanhado, quais as chances de que lhe sejam aplicadas as sanções cabíveis. Nesse momento, não importa se essas sanções são ou não relevantes em termos do negócio. Aqui, assume-se que o empregador tem interesse em não cumprir a lei, e que fazer valer esse interesse é função única das chances de ser apanhado, não estando em questão o custo de cumprir ou o valor das sanções, que serão tomados como altos o suficiente para sustentar tanto o interesse de não se cumprir a lei quanto o temor de ser apanhado. Essa presunção não se sustenta empiricamente, como já vimos, já que os custos monetários de não se cumprir (possibilidade de elidir as sanções e eventualidade de acordos a menor na Justiça do Trabalho) não são altos no Brasil. Mas sem ela a discussão que se segue não faria sentido. Começamos pelas formas mais ou menos legais, mais ou menos formalizadas de se burlar a lei trabalhista no setor, para então discutir as chances de que a burla da lei seja descoberta e, depois, sancionada. Dois aspectos centrais serão avaliados: de um lado, o poder fiscal do Estado e, de outro, a atuação dos sindicatos de trabalhadores e empregadores como agentes ou intermediários da fiscalização. Os temas centrais a tratar são os custos de contratação e demissão, além do reconhecimento do vínculo empregatício via registro em carteira de trabalho.

Formas de não se cumprir a legislação sobre contratação e demissão

A convenção coletiva de trabalho da construção civil da cidade do Rio de Janeiro não estipula nenhum custo de demissão adicional aos que a CLT prevê, e não há regras que obriguem as empresas a contratar este ou aquele trabalhador, exceto a que prevê que toda empresa deve ter pelo menos um trabalhador com incapacidade física em seus quadros administrativos, regra convencional não acompanhada de sanções correspondentes.

Empresários e trabalhadores da construção civil entrevistados para este livro afirmaram, solidários, que os impostos embutidos nos contratos de trabalho são altos demais no Brasil, não contemplando a realidade do mercado de trabalho do setor, no qual imperam as micro e pequenas empresas. Como disse um dirigente sindical, "um trabalhador formal custa duas vezes o salário dele. Pelo preço de um formal a empresa pode contratar dois informais".[133] É essa comparação que estaria por trás de boa parte dos contratos ilegais na construção civil no Brasil como um todo e no Rio de Janeiro em particular. O grande desafio do sindicato, pois, é evitar, de um lado, o assalariamento sem carteira, ou informal; de outro lado, impedir que relações efetivas de trabalho apareçam como outra coisa, como relações contratuais entre empresas (por exemplo, no caso das cooperativas de trabalho), que não atraem a legislação trabalhista. Contratação e demissão são momentos decisivos das relações contratuais de trabalho, e incidência ou não da lei depende, sobretudo, de as empresas reconhecerem ou não seus empregados como trabalhadores assalariados.

Para que se compreendam as chances de um "mau" patrão ser apanhado não tendo cumprido a lei sobre contratação e demissão, sobretudo o registro em carteira, será preciso voltar ao tema da reestruturação produtiva da cadeia de valor da indústria da construção civil nos anos 1990, usando como referência principal as entrevistas com alguns personagens-chave nesse processo: o diretor do departamento jurídico do Sindicato dos Trabalhadores da Construção (Sintraconst); dois

---

[133] Mas vimos, no capítulo 1, que esse cálculo, formulado por Pastore (1997), está errado. De qualquer modo, é interessante constatar que o argumento é compartilhado até mesmo por sindicalistas.

diretores de fiscalização do trabalho nesse mesmo sindicato; dois trabalhadores qualificados; o diretor de acompanhamento de legislação do sindicato patronal, o Sindicato da Indústria de Construção Civil (Sinduscon); um dirigente do mesmo sindicato; e uma juíza do trabalho, corregedora até 2004. Adicionalmente acrescentamos depoimentos de pessoas não diretamente envolvidas com o setor ou a cidade, para ilustração. As entrevistas foram realizadas nos meses de junho e julho de 2004.

O primeiro aspecto a se salientar são as múltiplas conseqüências da intensificação do processo de subcontratação nos canteiros de obras. Vejamos o que diz o advogado do sindicato sobre grandes empresas, ou melhor, grandes obras:

> A gente nem consegue alcançar termos para explicar o que está acontecendo, terceirização, quarterização, quinterização... Você entra num canteiro e vê ali 2 mil, 3 mil pessoas, pensa que aquela é uma empresa grande. Aí você vai ver, o empreiteiro terceirizou para um, que terceirizou para outro, que terceirizou para outro. Na construção está acontecendo muito de um patrão chegar para um cara, eu e você, por exemplo, e dizer: por que vocês não formam uma empresa? Aí nós montamos uma empresa e contratamos 100 empregados para trabalhar no canteiro dele. Só que eu e você não temos nada. O dinheiro é a construtora que dá para a gente pagar o funcionário, e eu sou o capataz dela, como numa fazenda. Ela não tem custo trabalhista nenhum. O custo fica comigo. E quando eu deixar de pagar os encargos dos empregados, o dinheiro da rescisão, o que acontece? Nada! Pois se eu não tenho nada! Não tenho propriedade para garantir os direitos! (...) Além disso, as empresas agora estão industrializando o CEI,[134] um CEI para cada obra, eles estão fazendo agora obra por condomínio, contratando por um condomínio de empreiteiras. Minha obra é ali, eu abro um CEI com o condomínio X. Toda a minha contratação é pelo condomínio, embora eu seja a construtora. Acabou a obra, acabou o condomínio, acabou a empresa. Por isso hoje é muito comum o empregado ser mandado embora e chegar aqui, por incrível que pareça, sem nem saber quem é o patrão dele. A grande dificuldade nossa é identificar quem é o patrão dele.

---

[134] Sigla para Cadastro Específico do Instituto Nacional de Seguridade Social, cadastro administrado pelo INSS. Contempla empregadores desobrigados de inscrição no Cadastro Nacional de Pessoas Jurídicas (CNPJ) e que realizam diversas atividades de contribuintes da Previdência Social, como, por exemplo, obras de construção, condomínios, empregadores domésticos. O CNPJ é administrado pela Secretaria da Receita Federal do Ministério da Fazenda e registra as informações cadastrais das pessoas jurídicas e de algumas entidades não caracterizadas como tais.

Há vários aspectos a se salientar quanto a essa fala. Primeiro, o fato de uma grande obra (um edifício ou um condomínio de edifícios) poder ser realizada por pequenas empresas. Esse mesmo diretor sindical disse que há, no Rio de Janeiro, "cinco ou seis grandes construtoras".[135] As outras são pequenas ou microempresas que lhes prestam serviços. Grandes empregadores são a exceção. Em segundo lugar, é de se salientar os muitos artifícios legais utilizados pelas companhias para reduzir o custo com a força de trabalho. Um grande construtor disse-nos o seguinte em uma entrevista privada:

> Fazemos o seguinte: abrimos uma concorrência para selecionar as prestadoras de serviço. As que oferecerem melhor preço com os parâmetros de qualidade que nós definimos são convocadas, entram no condomínio. E em geral o preço melhor vem da mão-de-obra. Não que essa parceira vá burlar a lei, não é isso. É que ela também vai contratar alguém para prestar esse serviço a ela, um empreiteiro de mão-de-obra, ou então ela vai constituir uma empresa de intermediação que, essa sim, vai prestar o serviço ao condomínio. Você entendeu? No terceiro ou quarto grau da subcontratação pode ser que os trabalhadores acabem pagando o pato.

As construtoras transferem a outros o ônus trabalhista e com isso conseguem, a um só tempo: livrar-se de um possível passivo trabalhista, ou seja, ações futuras impetradas por empregados em caso de não-cumprimento de normas legais ou contratuais; e, de outro lado, transferem para a competição "entre empresas" e não "entre os trabalhadores" o ônus da redução dos custos salariais. As empresas concorrentes tentarão oferecer preços competitivos cortando custos do trabalho. Como há um limite para esse corte (o piso salarial das categorias, fixado em convenção coletiva e fiscalizado pelo sindicato), além dele, o corte só é possível se a empresa puder fazer o mesmo serviço com menos gente, ou se burlar a legislação ou a convenção coletiva de trabalho. Essa situação faz com que os salários da construção civil não ultrapassem o piso de cada categoria[136] em momentos de desaquecimento da economia e não difiram significativamente dele em momentos de retomada. A competição entre as empresas terceiras força a redução dos custos salariais para além do que a própria competição de mercado entre os trabalhadores forçaria.

---

[135] Na verdade havia sete empresas com 500 empregados ou mais na cidade em 2002, segundo dados da Rais apresentados mais adiante.
[136] O piso salarial de um servente de obra — auxiliar de pedreiro — é 1,66 vez o salário mínimo, que é de R$ 280 (tabela 19).

Tabela 19
Pisos salariais na construção civil do Rio de Janeiro (R$)

Funções	Março 2004 Hora	Março 2004 Mês	Desconto contribuição assistencial
Mestre-de-obras	6,60	1.452,00	29,04
Encarregado de obra/encarregado administrativo de obra	5,02	1.104,40	22,08
Encarregado de turma	4,17	917,40	18,35
Profissionais do grupo 1 (almoxarife, apontador, bombeiro hidráulico, carpinteiro de esquadria, eletricista de obra, ladrilheiro, montador de torre de elevador, operador de grua e pastilheiro)	3,18	699,60	13,99
Profissionais do grupo 2 (armador, carpinteiro de forma, guincheiro, pedreiro, pintor e demais profissionais não relacionados)	2,95	649,00	12,98
1/2 oficial e vigia	2,27	499,40	9,99
Servente e contínuo	2,11	464,20	9,28
Chefe de pessoal de sede administrativa	–	1.000,00	20,00
Auxiliares administrativos e similares	–	575,00	11,50

Fonte: Sintraconst-Rio.

O terceiro ponto a se salientar quanto à fala do dirigente sindical é a descapitalização crescente das subcontratadas quanto mais se distancia do centro da cadeia de valor. Em suas franjas, tudo o que a empresa talvez tenha como ativos e passivos são seus empregados. A mão-de-obra barata é o ativo ofertado na concorrência e também um enorme passivo, já que cada trabalhador assalariado é um potencial demandante de direitos na Justiça do Trabalho. Se o trabalhador se sentir lesado em aspectos como horas extras, pisos salariais, férias, aviso prévio ou outra verba, quando da rescisão de contrato ele poderá acionar a empresa.

Aqui entra o quarto ponto importante mencionado pelo dirigente: de forma nada incomum, o trabalhador nem sempre consegue identificar seu empregador. O artifício legal de se constituir condomínios de empresas para levantar uma obra se está generalizando no Rio de Janeiro, e os condomínios são voláteis. Formados pontualmente para cada obra em particular (porque cada obra será realizada por um condomínio sempre diferente de empresas), ao final a pessoa jurídica responsável por ela, ou seja, o condomínio, deixa de existir. E nem sempre é fácil para o sindicato ou para os próprios trabalhadores identificar a empresa-mãe, a real responsável pelo condomínio. Uma juíza entrevistada disse o seguinte:

Nossa orientação é para vincular sempre à empresa-mãe. Qualquer demanda de direito contra um condomínio deve ser assumida pela empresa-mãe, responsável solidária pela obra. Porque um condomínio você não executa. Você pode até identificá-lo, ele pode até estar existindo ainda. Mas é muito difícil executar uma sentença contra um condomínio, porque ele não tem bens, não tem lastro material. Então nossa orientação é averbar a ação para a empresa-mãe. Agora, nem sempre é fácil você identificar quem é a principal. Nas grandes obras não há problema, são poucas as grandes empresas do Rio. Mas nas obras menores isso é um problema. Isso se tornou um problemão.

Se o condomínio nem sempre pode ser acionado, e se mesmo assim a condenação encontra dificuldades de execução, fica claro que ele é uma artimanha das empresas do setor para colocar-se fora do alcance da legislação trabalhista, para além da justificativa racional da busca de redução de tributos e da flexibilidade econômica que essa opção representa. Essa a razão de a Justiça Trabalhista orientar os advogados a vincular a empresa-mãe nos processos trabalhistas. Mas trata-se de um empecilho importante, que dificulta tanto a ação trabalhista quanto seu andamento e execução. O mesmo dirigente sindical foi bastante lúcido na descrição do problema.

> E tem situações estranhas. Hoje, na Justiça, se discute filosoficamente o contrato de emprego de uma pessoa. Então você está sentado ali na frente do juiz com o trabalhador, o cara trabalhou na empresa, trabalhou para aquela obra, e do outro lado tem um juiz que olha e fala: olha, preciso de elementos que provem. Aí você olha e diz: que elementos? Porque a empresa não dá contracheque, dá dinheiro na mão, né? Toda semana é dinheiro na mão, a empresa não tem escritório, não tem nada. Você é contratado num canteiro no Recreio dos Bandeirantes, acaba aquela obra, o cara te leva para um canteiro em Campo Grande. E você não sabe nem o que aconteceu, só sabe que toda sexta-feira tem o dinheiro na mão. Para o trabalhador o que importa é isso, dinheiro na mão, bons cálculos, deu quanto? Tanto? Está bom. Ele nem sabe direito quem é o patrão dele.

É claro que o pagamento do salário em dinheiro é um convite à fraude trabalhista, porque não deixa vestígios da relação contratual, transferindo ao trabalhador o ônus de reconstituí-la na Justiça do Trabalho. Como a Justiça opera com evidências materiais, a dificuldade é processual, daí a "discussão filosófica sobre o contrato de emprego de uma pessoa".

Convém lembrar que os contratos de trabalho na construção civil podem também ser regulados pelo Código Civil, caso dos contratos de empreitada e de prestação de serviços, que supõem autonomia e seguem as regras que se aplicam aos contratos em geral. Há ainda o contrato por obra certa, regido por uma lei de 1956, e que cria uma hipótese de contrato por tempo determinado, além daquelas previstas na CLT, o que já mostra o poder de pressão de certos setores sobre a edição de leis. Porém, se há empregados, então atraem a legislação trabalhista, mesmo em suas formas flexibilizadas, já discutidas. O formato de cooperativas representa uma tentação a mais para as empresas que pressionam os trabalhadores a se cooperativarem, para, e dessa maneira, escapar à legislação trabalhista. A regulação das cooperativas é semelhante à encontrada em outros países da América Latina e da Ásia. Os trabalhadores se "associam" em cooperativa, sendo, portanto, donos de seu "negócio", e oferecem seus serviços a outras empresas, que remuneram a cooperativa, e não o trabalhador individual. A cooperativa distribui os "lucros", ou a paga pelo serviço. Como os trabalhadores são sócios, e não empregados da "empresa", a eles não se aplicam os princípios da CLT,[137] que regulam o trabalho assalariado. Logo, direitos como salário mínimo, férias remuneradas, descanso semanal remunerado e tudo o mais não são devidos. Com isso as empresas contratantes têm o que necessitam, que é trabalho vivo em seus canteiros, sem que precisem remunerar adequadamente a força de trabalho.

As cooperativas se generalizaram nas indústrias de vestuário e calçados nas regiões Sul e Nordeste do Brasil (Lima, 2002), mas encontraram dificuldades para se instalar no Sudeste em razão, sobretudo, da presença sindical. Na construção civil do Rio de Janeiro está ocorrendo algo semelhante, mas a dificuldade de se combater é imensa. Um dirigente sindical disse:

> Nós, no sindicato e no Ministério do Trabalho, entendemos que cooperativas não devem ser aceitas na construção civil. Ela é boa em alguns segmentos, costureiras, limpeza. Na construção civil combatemos.

Porém outro dirigente foi mais explícito. Ainda que o sindicato as combata e apesar de o Ministério do Trabalho ter editado uma instrução normativa para as DRTs orientando-as a não aceitá-las na construção civil, as cooperativas estão crescendo no Rio de Janeiro.

> Veja a coisa das cooperativas, que durante um tempo foram o "Oh", o "bonito". Você vai hoje num canteiro de obra e vê um cara que é na verdade um patrão e

---

[137] CLT, art. 442, parágrafo único: "Qualquer que seja o ramo da sociedade cooperativa, não existe vínculo empregatício entre ela e seus associados, nem entre estes e os tomadores de serviço daquela".

seus empregados, os caras são assalariados dele. Mas na hora de registrar o contrato eles dizem que são cooperativados. E aquele trabalhador tem ponto fiscalizado, tem desconto quando falta e atrasa, tem todos os encargos inerentes a uma relação de emprego. Por outro lado, todos os encargos que a empresa teria com ele deixam de existir. O cara não recebe nada. Ele é patrão! Só que quando o cara sai dessa cooperativa ele não recebe cota nenhuma. Ele não é detentor de cotas. E agora, para maior espanto nosso, criaram em Brasília o sindicato dos trabalhadores cooperativados (...) E tem muita cooperativa, viu? Hoje é tão grande quanto em 92, 93 se falava em terceirização.

Essa e muitas outras falas têm um subtexto nem sempre muito claro, mas que regula todo o processo de contratação na construção civil: o medo do desemprego. Aqui ele aparece na frase "mas na hora de registrar o contrato eles dizem que são cooperativados". Os trabalhadores mentem sobre sua condição, aceitando um contrato de trabalho que terá como conseqüência a perda de direitos e de renda. Por que, se o sindicato se diz forte, fiscalizador, presente no dia-a-dia dos trabalhadores? Um trabalhador foi bastante explícito na identificação da razão principal.

No sufoco a gente aceita qualquer coisa, trabalhar sem carteira, em cooperativa, contrato de boca, ganhando meio salário, qualquer coisa. A família não espera, as crianças não esperam.

O conceito é antigo, mas inescapável: despotismo de mercado, termo cunhado por Marx para dar conta da natureza predatória da competição entre os trabalhadores na Inglaterra de meados do século XIX. Forçados a vender sua força de trabalho para comprar o pão de cada dia, e premidos pelo exército industrial de reserva, os trabalhadores se dispunham a trabalhar sob condições que de outro modo não aceitariam. No caso dos operários da construção civil do Rio de Janeiro, dispõem-se, inclusive, a abrir mão dos direitos trabalhistas mais básicos, como o salário mínimo, que, no Brasil, equivalia, em 2004, a pouco mais de US$ 90 mensais.

Esses depoimentos corroboram a análise dos dados agregados sobre a informalização crescente do mercado de trabalho na construção civil, um mercado que já era tradicionalmente informal. Menos de um terço dos ocupados no setor eram trabalhadores assalariados com carteira em 2000, como vimos. É provável que parte do aumento no emprego por conta própria também esteja sendo explicada pela elevação do número de cooperativas, em que os entrevistados podem tanto responder que são autônomos quanto que são assalariados sem carteira, já que a cooperativa está atrelada aos direitos trabalhistas básicos.

Em suma, a contratação na construção civil encontra distintas formas de contornar a legislação trabalhista, inclusive formas legais, como no caso das cooperativas. E os condomínios dificultam até mesmo a identificação do empregador pelo trabalhador. Assim, nem sequer a comprovação de que o trabalho foi de fato prestado pode gerar conseqüências na Justiça do Trabalho. Relembrem-se as "discussões filosóficas" a que se referia um dirigente sindical: se não há documentos, de nada vale o fato de o trabalhador ter estado sob o comando de um empregador em determinado canteiro de obras.

E como não poderia deixar de ser, a miríade de relações contratuais daí resultante, além de dificultar a aplicação da legislação trabalhista durante a vigência do contrato (por exemplo, limite de horas extras, intervalos intra e entre as jornadas, repouso semanal), abre um enorme espaço para a fraude nas demissões. De fato, se por vezes o empregador não pode ser claramente identificado, processos na Justiça podem ser demorados e intrincados, reduzindo os custos de não se cumprir a legislação em prejuízo do trabalhador, como veremos mais adiante.

Temos, então, que a burla à legislação tanto se dá no momento da contratação, quanto acompanha a execução do contrato, e se repete, na sua extinção, pelo não-pagamento das verbas rescisórias. Em suma, esses procedimentos vêm como um pacote: não se paga "nenhum" direito,[138] porque o reconhecimento de qualquer deles implicaria reconhecer o vínculo empregatício, o que se refletiria nos direitos devidos e não pagos durante a vigência do contrato. Mas não são apenas os que não assinam a carteira de trabalho que agem assim. É comum (talvez mais comum do que o sindicato de trabalhadores esteja disposto a admitir) que empresas de todos os tamanhos também o façam com certa regularidade. Um sindicalista deu uma explicação singela para isso:

> Às vezes a empresa até quer pagar, mas não pode porque está sem caixa no momento que o serviço dela acaba. Mas a obra não acabou, entendeu? Só o serviço dela naquela obra. Então o que ela faz? Ela chega para o trabalhador e diz: "olha, você vai para a Justiça procurar os seus direitos". Por que isso? Porque ela precisa esperar o condomínio pagar e isso pode demorar. Então ela fica descapitalizada e protela o pagamento dos direitos rescisórios. E ela usa a Justiça do Trabalho para isso, entendeu?

O sindicalista, está claro, é por demais condescendente com esse tipo de mecanismo protelatório que, ele mesmo reconhece em outro momento da entre-

---

[138] Apenas para recordar, os direitos rescisórios são aviso prévio de um mês; décimo terceiro salário proporcional; férias proporcionais acrescidas de um terço; multa de 40% sobre o saldo do FGTS.

vista, quase sempre resulta em perda de direitos, seja na CCP, seja na própria Justiça do Trabalho, que promoverá uma conciliação logo na primeira audiência. As empresas apresentam como medida protelatória premida por necessidade econômica algo que, tudo indica, é simplesmente um mecanismo para reduzir os custos de não cumprir a legislação sobre verbas rescisórias.

Além disso, o caso é apresentado como se fosse a Justiça do Trabalho o lugar onde estão as verbas que assegurarão o direito rescisório. E mais, tudo se passa como se esse direito fosse unilateral. É como se o empresário não se sentisse obrigado pelas normas jurídicas, como se essas não o vinculassem ao caixa de sua empresa assim como vinculam o trabalhador. Não pagar imediatamente, como é de direito do trabalhador, é apresentado como uma alternativa real de manejo do negócio, e uma alternativa que "não deveria ser sancionada", já que as empresas que recorrem a ela estariam, supõe-se, em dificuldades econômicas.

Outro caso é o não-pagamento puro e simples, sob uma alegação qualquer ou mesmo sem alegação alguma. Conforme afirmou o diretor do departamento jurídico do sindicato de trabalhadores:

> Acontece muito da empresa, quando acaba a obra, desaparecer do mapa. Os caras constituíram aquela empresa só para aquela obra ali, acabou a obra, acabou a empresa. Não tem endereço, não tem contador, não tem nada. Está virando uma coqueluche isso no Rio de Janeiro. E é muito difícil para a gente agir. (...) O que o sindicato tem feito? Juntamente com o sindicato patronal (e a gente tem sido parceiros nisso daí) a gente senta com a empresa responsável pela obra e mostra que aquela forma de trabalhar está prejudicando os trabalhadores e a própria empresa. A gente prefere não denunciar a empresa por más práticas de trabalho, mas se precisar, a gente ameaça denunciar. E então aquela empresa assume os custos, ou então vai atrás daquela que sumiu. Agora, isso é muito difícil. Obra de três, quatro meses é muito comum o trabalhador chegar aqui com uma mão na frente e outra atrás sem poder receber nada porque a empresa desapareceu.

A flexibilização das formas de contrato e a multiplicação de cooperativas de trabalho e de empresas de intermediação de força de trabalho deram ensejo a esse tipo de fraude contra o trabalhador, "muito comum" segundo o sindicalista.[139] O

---

[139] Esse tipo de problema ocorreu também com a Petrobras nos anos 1990, quando a terceirização dos serviços de operação e manutenção de plataformas marítimas abriu as portas para todo tipo de fraude trabalhista. Branco (2002) relata casos em que trabalhadores terceirizados retornando de 20 dias embarcados em plataformas marítimas, ao chegar em terra, descobriam que a empresa que os contratara não mais existia e que não receberiam sequer o salário.

mais importante de nosso ponto de vista, porém, é que o sindicato tem poucos instrumentos para contornar essa e outras fraudes que impliquem a identificação de empresas que deixaram de existir, o principal deles sendo a tentativa (nem sempre exitosa) de vincular a empresa responsável. Como disse um dirigente sindical, os sindicalistas "não negociam com terceirizadas, só com a principal". Mas isso nem sempre é suficiente. Por vezes nem mesmo a empresa principal tem informações adequadas sobre os prestadores de serviço em seus canteiros de obra, tanto mais quanto maiores eles sejam.

Fiscalização do trabalho, ou sobre chances de ser apanhado

Agentes públicos e privados podem atuar na fiscalização do trabalho. Aqui focalizamos os sindicatos de empregados e de empregadores e a DRT, que é parte da estrutura do MTE, como vimos. O sindicato de empregados tem um departamento específico voltado para a fiscalização da segurança no trabalho e, por conseqüência, das relações de trabalho como um todo. O sindicato patronal tem um departamento correlato, mas suas funções são menos detalhadas e claras por comparação com o de trabalhadores. Para o que se segue baseamo-nos sobretudo em entrevistas junto a informantes-chave na DRT, nos sindicatos e na Justiça do Trabalho.

Em todos os aspectos das relações de trabalho discutidos até aqui, a grande dificuldade é chegar aos lugares onde as relações ilegais se estabeleceram. Como disse mais de um dirigente sindical, o Rio de Janeiro "é um mundo".

> Nossas equipes de fiscalização trabalham fazendo isso o tempo todo, identificando quais as empresas que existem naquele canteiro, para que, uma vez identificadas, nós estejamos cobrando da empresa maior que exija das subempreiteiras o contrato social (convenção coletiva), uma ficha das pessoas que trabalham, "mas a gente não consegue alcançar todas". O município do Rio de Janeiro é um mundo.
>
> (Diretor de fiscalização do Sintraconst)

Os principais objetos de atenção do sindicato são as normas de segurança no trabalho, mas a obediência aos direitos trabalhistas também é fiscalizada, sobretudo o registro em carteira e as cláusulas sociais da convenção coletiva, como o direito à refeição na obra. A fiscalização é detonada por dois mecanismos principais. Primeiro, no início de uma obra, quando os condomínios devem prestar ao Ministério do Trabalho, ao sindicato (por exigência da convenção coletiva) e à prefeitura da cidade um conjunto de informações sobre duração da obra, empresas envolvidas no condomínio, trabalhadores empregados etc.[140] Em segundo lugar, através de denúncias dos trabalhadores, feitas por meio de um número de telefone específico para tal, em que o trabalhador pode denunciar anonimamente. O sindicato recebe de 80 a 100 denúncias por mês. Oito equipes fixas de fiscais (que podem chegar a 15 se todos os dirigentes saírem para fiscalizar) trabalham todos os dias da semana visitando obras segundo uma programação previamente definida com base na triagem e na hierarquização das denúncias. Hoje, há algo em torno de 8 mil canteiros registrados ou conhecidos no Rio de Janeiro. É verdade que o registro formal da obra na prefeitura[141] e no sindicato é uma obrigação legal difícil de se elidir no caso das obras maiores e mais visíveis, mas edificações menores e, sobretudo, as reformas, nem sempre podem ser identificadas e, portanto, fiscalizadas.

Vejamos como funciona o primeiro mecanismo, as visitas no início das obras registradas. Um diretor de fiscalização do sindicato de trabalhadores nos disse que:

> Nós nunca visitamos uma obra de surpresa. Nós temos um procedimento regulado. As empresas grandes nos informam no início e no final da obra, protocolam no sindicato e no Ministério do Trabalho. Então, quando vai começar uma obra, nós enviamos um ofício de "visita técnica orientativa", com a finalidade de levantar possíveis pendências naquele canteiro e levar o trabalho da diretoria para aqueles trabalhadores. Levamos nosso *check list*, vemos as pendências e damos cinco dias para arrumar o que tiver que ser arrumado. Voltamos, foi atendido? Ótimo. Não foi? Então a gente manda um ofício solicitando que compareçam aqui à entidade para uma "mesa de entendimento", composta pelo diretor da pasta e um representante daquela equipe que visitou o canteiro com a notificação na mão. E tentamos adequar a empresa à legislação e à convenção coletiva de trabalho, evitando ao máximo levar isso à Justiça do Trabalho. Esgotamos todas as possibilidades de negociação, até para manter um relacionamento de parceria.

---

[140] De acordo com a NR nº 18, "É obrigatória a comunicação à Delegacia Regional do Trabalho, antes do início das atividades, das seguintes informações (118.003-7/I2): a) endereço correto da obra; b) endereço correto e qualificação (CEI, CGC ou CPF) do contratante, empregador ou condomínio; c) tipo de obra; d) datas previstas do início e da conclusão da obra; e) número máximo previsto de trabalhadores na obra". Dados disponíveis em <www.mte.gov.br/Temas/SegSau/ComissoesTri/ctpp/oquee/conteudo/nr18/conteudo/nr18b.asp>. A NR nº 18 é o que um diretor de segurança do sindicato chamou de "sua bíblia".

[141] O processo de registro de uma obra na prefeitura é bastante espinhoso e demorado, envolvendo limites relativos a zoneamento urbano, áreas de proteção cultural ou ambiental, parâmetros quanto a altura, distância de outras edificações, equipamento de água e esgoto etc. O registro implica, também, a identificação de todas as empresas que nela trabalharão, bem como da duração da obra.

Procedimento "regulado", aqui, quer dizer três coisas primordiais: primeiro, que as regras de fiscalização são acordadas com o sindicato patronal; em segundo lugar, que as empresas são informadas sobre a fiscalização, procedimento oposto pelo vértice ao da direção anterior do sindicato (então filiado à CUT), que chegava de surpresa nas obras denunciadas. Terceiro, que há um inventário de itens a se fiscalizar, previamente conhecido pelas empresas, o que o sindicalista nomeou de *check list*. Esse inventário é, também, uma forma de dar tempo (cinco dias) à empresa para que ela se adapte às regras. Caso isso não ocorra, uma série de outros procedimentos negociais são acionados, a começar por uma mesa de entendimento (ME) no sindicato laboral, onde se busca um acordo para a adequação da empresa à lei e à convenção coletiva. Caso isso continue não funcionando, há a Justiça do Trabalho como último (e indesejado) recurso.

A palavra-chave para os dirigentes sindicais dos dois lados é, indubitavelmente, parceria. Ela opera também no segundo mecanismo detonador da fiscalização. Nas palavras do mesmo sindicalista:

> A outra forma de fiscalizar é quando vem a denúncia por parte de um trabalhador. Aí nós pegamos o endereço daquele canteiro, levantamos o número do telefone, geralmente são empresas cadastradas conosco, e mandamos um ofício de visita técnica orientativa. Avisamos que vamos fazer uma visita para orientar sobre a segurança no trabalho. A gente não chega de surpresa. Porque isso não interessa a ninguém, certo? O que a gente quer é o direito do trabalhador respeitado, certo? Então, chegando lá eu vou constatar o problema com certeza, o que o trabalhador denunciou vai aparecer. Agora, a gente nunca diz que foi lá por denúncia do trabalhador, para não expor nem prejudicar o trabalhador.

Em boa parte das fiscalizações, decorrentes de denúncia ou automática em razão do início de uma obra, um membro do Sinduscon, sindicato patronal, faz parte da equipe de visitas. Segundo um dirigente patronal entrevistado, a parceria é vantajosa para os dois lados, porque interessa ao Sinduscon a obediência às normas de segurança no trabalho, que ajudam a reduzir o número de acidentes.[142] E a fiscalização trabalhista propriamente dita também não assusta o Sinduscon. O mesmo dirigente patronal nos disse o seguinte:

---

[142] Os dois sindicatos fizeram questão de marcar a queda no número de óbitos por acidente de trabalho na construção civil no último ano (três óbitos), em comparação com o ano de posse da nova diretoria do sindicato laboral (17 óbitos).

As grandes empresas e as boas empresas em geral cumprem a lei sem problemas. Não temos dificuldade com isso. O problema está com as subcontratadas, que nem sempre conseguem assumir certos custos. Mas mesmo nesse caso as empresas já estão se enquadrando, porque houve uma mudança na orientação da Justiça do Trabalho e a empresa responsável pela obra tem sido condenada por desvios de suas subcontratadas. Então as contratantes estão fiscalizando, elas mesmas, as relações de trabalho em seus canteiros, estipulando cláusulas contratuais com as subcontratadas que garantam os direitos trabalhistas e da convenção coletiva. (...) Isso é fruto de nossa parceria com o sindicato dos trabalhadores, que tem sido muito propositivo, muito cooperativo conosco nesse e em muitos outros aspectos e projetos.

As fiscalizações contam, embora nem sempre, com um agente da DRT. Isso, segundo os sindicalistas, torna as visitas mais eficazes. O delegado regional tem poderes para lacrar a obra imediatamente se for o caso, se houver, como disse um dirigente, "um descalabro muito grande e a empresa não quiser acertar aquilo na hora". Além disso, o delegado é o agente executor por excelência do Ministério do Trabalho. Sua presença traz maior densidade às equipes de fiscalização. Por fim, sua presença, juntamente com representantes de trabalhadores e patrões, inibe (ao menos idealmente) práticas pouco ortodoxas ou abertamente corruptas por parte de qualquer um dos três agentes.

É claro que tudo isso são discursos de dirigentes, não podem ser tomados pelo valor de face. Já vimos que pelo menos um diretor do sindicato dos trabalhadores chamou mais a atenção para os aspectos negativos do que positivos das relações de trabalho, pondo em dúvida a capacidade real de o sindicato fiscalizar as quase 6 mil empresas existentes e os mais de 8 mil canteiros de obras. Além disso, o sindicato não dispõe de um registro confiável das visitas e seus resultados em termos de atenção a normas de segurança no trabalho e ao direito do trabalho, resultados que permitissem um real dimensionamento da melhoria na eficácia ou efetividade da fiscalização em relação à gestão anterior. Em 2003, segundo um dirigente, entre março e junho foram computados mais de 300 novos registros em carteira decorrentes das fiscalizações, mas não há como saber se esse número é grande ou pequeno historicamente. Ele certamente parece pequeno tendo-se em vista os mais de 100 mil trabalhadores informais estimados para 2002, ou mesmo focando-se os 32 mil assalariados sem carteira assinada. Ao ritmo da fiscalização de 2003, seriam necessários mais de 25 anos para registrar todos os assalariados sem carteira existentes, sem contar que novos vínculos sem registro nascem todos os dias no mercado de trabalho da construção civil. Nada assegura que um vínculo registrado hoje continuará assim amanhã.

No novo ambiente de trabalho na construção civil, em que uma construtora principal de um condomínio quase nunca é a maior empregadora, estando o emprego parcelado por até dezenas de subcontratadas, a eficácia da fiscalização depende da capacidade de o sindicato chegar nas franjas da teia de terceirizações. Com discurso sempre centrado nas grandes obras e nas grandes empresas, um dirigente sindical diria o seguinte:

> Nosso relacionamento é com o empregador principal. Não sentamos de modo algum com as terceirizadas. A responsabilidade jurídica e formal pela obra é da construtora. Hoje, 80% da categoria é de terceirizados. Então, o terceiro tem que ter estrutura para garantir a segurança e cumprir a convenção coletiva, e isso cobramos sempre da empresa principal. Já há essa visão inclusive no âmbito do fórum trabalhista.[143] A incorporadora ou a construtora é responsável jurídica e solidária por todas as outras subcontratadas. (...) E temos muitos problemas com as terceirizadas. Muitos mesmo. (...) Qual é nossa atitude imediata? Não negociar com elas, as terceirizadas. Chamamos a principal com o terceirizado presente. Na nossa convenção está assegurado que a principal deve fazer cumprir a convenção por todas as subcontratadas. Vamos lá, "está aqui uma denúncia de que uma empresa sua não dá café da manhã, não paga as horas extras conforme a convenção". Aí [a empresa-mãe] vai lá e enquadra aquela terceirizada. Posso falar para você que a evolução de 80% de nossas negociações é eficaz. Os outros 20% vão para a DRT, e então o delegado convoca a empresa principal e as subcontratadas para fazer a mesa de entendimento, e nós estamos presentes.

Emulando procedimento da Justiça do Trabalho, o sindicato não negocia com as terceirizadas, fá-lo diretamente com a empresa principal do condomínio. Aspecto importante é o fato de esse procedimento constar de convenção coletiva de trabalho, isto é, cabe à empresa principal zelar pelo cumprimento da legislação e da convenção pelas contratadas. Isso reforça o que disse um dirigente patronal em fala transcrita anteriormente e que foi referendada por uma juíza do trabalho: a jurisprudência sumulada (Súmula nº 331, TST) de se julgar a principal responsável subsidiária (vinculada) pelas demais acaba forçando as empresas a exercer alguma vigilância sobre as subcontratadas. Isso nem sempre é possível, obviamente. Conforme um diretor de fiscalização:

---

[143] Referência ao Fórum Nacional do Trabalho (FNT), que discutiu as reformas sindical e trabalhista e enviou um projeto de emenda constitucional (PEC) ao Congresso Nacional no início de 2005.

As obras pequenas eu não quero nem falar. Nem dá para falar. Isso aí é muito raro. A gente até recebe denúncia. A gente até vai, mas às vezes chega lá, a empresa é o dono e mais uma dúzia de gatos pingados, o dono trabalhando ali de encarregado de obra, você entendeu? O cara não tem registro, não tem nada, não tem empresa. O que você vai fazer? Embargar a obra? Você mata o cara de fome, a família dele. O cara não é um empresário! O cara está ganhando ali muito pouco acima do profissional qualificado que ele está empregando.

O problema da escala do empreendimento é a grande barreira à fiscalização, tanto por parte do sindicato quanto por parte dos agentes da DRT. A esse respeito, transcrevemos um longo trecho de entrevista enviada por escrito por uma inspetora do trabalho do interior do estado de São Paulo (analisada em parte no capítulo 2) sobre a diferença entre empresas pequenas e grandes na dinâmica da fiscalização. Os argumentos são claramente delimitados e de extrema utilidade para essa discussão. As ênfases foram acrescentadas para chamar a atenção para aspectos centrais:

> Existe uma grande diferença entre fiscalizar uma empresa grande e uma pequena. Porém a diferença é na "execução" do trabalho pelo fiscal. "A legislação" ignora essa diferença e "a instituição" insiste em ignorá-la. Os auditores fiscais do trabalho "somos constantemente orientados" a fiscalizar empresas grandes e pequenas da mesma maneira, sem distinções. Porém isso não é possível na prática. Principais diferenças: a empresa grande é muito mais organizada e o atendimento ao Ministério do Trabalho, em geral, é profissional. Na parte documental, quase sempre a empresa já tem os documentos e programas legalmente exigidos e, em caso de discordância ou mesmo de uma irregularidade detectada na inspeção, teremos interlocução com a empresa, ou seja, mesmo que decidamos pela lavratura de um auto de infração, sabemos que podemos dar continuidade à fiscalização até a regularização do problema, o que "normalmente" se consegue dentro dos prazos estabelecidos. E mesmo se houver necessidade de grandes investimentos, como no caso de exigência de reformas, construções ou contratação de pessoal, também é muito mais fácil, com a empresa grande, "lançarmos mão de outros recursos como mesa de entendimento, estímulo de acordos com os representantes da categoria profissional" etc. Já com a empresa pequena o cenário é completamente diferente. "Esbarramos com a falta de recursos financeiros como completo desconhecimento e desprezo por riscos, desorganização em termos de formalização das relações de trabalho e, muitas vezes, com situações em que patrões e empregados trabalham lado a lado, em péssimas condições". Assim, fiscalizar uma pequena empresa é "infinitamente" mais difícil. Para conseguirmos nossos intentos junto a uma empresa pequena e pou-

co capitalizada, "teríamos que ter prazos diferenciados" e o reconhecimento de que precisamos de mais tempo, "inclusive para ensinar e convencer o empregador da necessidade de adotar as medidas necessárias à melhoria das condições de trabalho". Além de não termos esse tempo, a empresa pequena representa, "em termos de produtividade, muito pouco para o fiscal. Ou seja, quanto menor é o número de empregados de uma empresa menor a 'pontuação' atribuída pelo nosso sistema de avaliação" (ao qual está condicionada a recepção de nosso salário integral). Assim, se fiscalizamos empresas pequenas, temos que trabalhar mais e mais rapidamente. Como isso é muito difícil, "fica mais simples lavrar um auto de infração e ir embora sem alterar a situação da empresa (ou até piorando-a)". É bom lembrar que "as metas a que somos submetidos também apontam nessa direção, temos que fiscalizar muito e rápido. Se os problemas detectados são resolvidos ou não parece não interessar muito".

Esse trecho de entrevista é muito instrutivo. Revela, em primeiro lugar, que o sistema oficial de fiscalização do trabalho como um todo (legislação e "instituição", isto é, o Ministério do Trabalho) oferece incentivos de todo tipo (inclusive salariais) para que a fiscalização se restrinja às grandes empresas. Se os bônus de salário dependem da produtividade em termos de número de carteiras de trabalho regularizadas, torna-se irracional para o inspetor individual investigar pequenas empresas, que acrescentarão pouco ao seu portfólio. Esses incentivos se refletem nos dados sobre tamanho das empresas já discutidos no capítulo sobre inspeção do trabalho.[144] Em segundo lugar, há incentivos para que as fiscalizações, quando ocorrem, não sejam eficazes, já que não há seqüência no ato fiscalizador em razão das injunções de tempo (as fiscalizações devem ser céleres).

A entrevistada chama a atenção, também, para a necessidade de mudanças na legislação de inspeção do trabalho que contemplem a realidade diferenciada de mercado. Se a fiscalização de empresas pequenas pudesse ser feita em prazo mais dilatado, que permitisse um trabalho de convencimento e treinamento dos empregadores a respeito das normas de segurança; se, ademais, a fiscalização fosse recompensada de acordo, isto é, com prêmios inversamente proporcionais ao tamanho das empresas, talvez os incentivos tivessem seu sinal invertido, e as pequenas empresas passassem a ser mais fiscalizadas.

É claro que isso não diminui a importância de um aspecto essencial também mencionado por ela, que é o fato do "desconhecimento" e do "desprezo" dos pe-

---

[144] Já vimos que, nos últimos cinco anos, o número médio de trabalhadores por empresa fiscalizada no Brasil como um todo subiu de 51 em 1999 para 78 em 2003, com incremento constante e exponencial ao longo do período.

quenos empresários em relação aos riscos envolvidos em seu negócio. Como ela diz, eles trabalham lado a lado com seus empregados "em péssimas condições". A fala, portanto, vai na mesma direção daquela do dirigente sindical transcrita um pouco antes. A escala do negócio e sua baixa capitalização são uma barreira econômica à fiscalização eficaz, que se vem somar aos incentivos institucionais e legais para que a fiscalização se restrinja a (ou seja, majoritariamente efetuada em) empresas médias ou grandes.

A opção tem sua racionalidade. É verdade que, segundo dados do censo realizado em 2000 para a cidade do Rio de Janeiro, 64% das pouco mais de 3 mil pessoas que se disseram empregadoras tinham empresas com até 10 empregados. Tomando-se os dados da Rais para 2002, que mede apenas o emprego registrado em carteira, a proporção de empresas com até 10 empregados era de 70% sobre o total das 3.156 empresas formalmente registradas, e de 82% se tomarmos as empresas com até 19 empregados. Contudo a proporção de trabalhadores ocupados em empresas com até 19 empregados era de apenas 20,6% segundo a mesma Rais. Na outra ponta, empresas com 50 empregados ou mais eram apenas 33,1% do total, mas ocupavam 61,3% da força de trabalho com registro em carteira. Considerando que as chances de o sindicato ou de o MTE chegar em uma empresa para fiscalizar é tanto maior quanto mais formal ela seja, isto é, quanto mais facilmente ela possa ser encontrada — tenha um telefone e um endereço que possam ser rastreados de alguma maneira, seja nos arquivos do sindicato, seja nos cadastros de empresas do IBGE —, então é de se supor provável que sindicato e MTE estejam cobrindo menos de um terço das empresas realmente existentes (se somarmos os setores formal e informal), mas tendo quase dois terços da força de trabalho empregada como universo potencial de ação. Os dados pertinentes aparecem na tabela 20.

Tabela 20
Número de empresas e de empregados com carteira na construção civil (cidade do Rio de Janeiro, 2002)

Número de empregados	Empresas	Emprego	Percentagem de empresas	Percentagem de emprego	Média
Nenhum	597	0	18,92	0	0
Até 4	1.110	2.258	35,17	4,19	2,03
De 5 a 9	497	3.330	15,75	6,17	6,7
De 10 a 19	399	5.500	12,64	10,19	13,78
De 20 a 49	325	9.756	10,3	18,08	30,02
De 50 a 99	120	8.260	3,8	15,31	68,83
De 100 a 249	76	11.520	2,41	21,35	151,58
De 250 a 499	25	8.874	0,79	16,45	354,96
De 500 a 999	7	4.455	0,22	8,26	636,43
Total	3.156	53.953	100	100	17,1

Fonte: Rais/MTE.

Um último ponto deve ser mencionado antes de concluir esta seção. Tanto no sindicato trabalhador quanto na DRT a inspeção do trabalho detonada por uma denúncia sobre más condições de segurança em um canteiro qualquer, e que resulta no envio de ofício informando sobre futura "visita técnica orientativa" no caso do sindicato, acaba levando a outros aspectos das relações de trabalho (como a aferição dos contratos de trabalho e os tipos de vínculo vigentes) e à inspeção das outras empresas que operam naquele canteiro. Alternativamente, denúncias sobre desrespeito à legislação trabalhista também levam à inspeção da segurança no trabalho. Como a atividade é de risco, é natural que o detonador da inspeção seja, em geral, a denúncia sobre condições de segurança. Mas ela é apenas a porta de entrada nas empresas. Como disse um sindicalista, "em geral, se tem problema trabalhista, tem problema de segurança; e se tem problema de segurança, tem problema trabalhista. Estou para dizer uma coisa para você: acho que não tem uma obra, uma que seja, que não tenha algum tipo de problema e que não mereça ser fiscalizada". Como são mais de 8 mil canteiros de obras e as equipes de fiscalização apenas oito (podendo chegar a 15), tem-se a dimensão da eficácia possível da ação sindical, para não mencionar a da DRT, que é ainda mais parca em recursos.

Em suma, as chances de ser apanhado em caso de desrespeito à lei não são nulas, mas também não são muito altas, exceto no caso das grandes obras, dos grandes canteiros de obras ou das obras em lugares muito visíveis, caso das reformas nos edifícios no Centro da cidade, por exemplo. Obras que seguem as normas de registro na prefeitura e no sindicato são os alvos potenciais mais facilmente fiscalizáveis. Tanto o sindicato quanto a DRT fazem vista grossa para as pequenas e microempresas, bem como para as pequenas e microobras, cuja relação com a legislação trabalhista e de segurança no trabalho é, digamos, estruturalmente extrínseca, porque muitas vezes não é sequer possível identificar o empregador em uma turma chefiada por um "construtor".

Numa escala de 0 a 100, e com apoio nas entrevistas apresentadas aqui, pode-se dizer que a chance de um grande canteiro de obras ser fiscalizado, "tendo sido denunciado", é de 100%. Essa chance decresce à medida que decrescem o tamanho da obra e sua visibilidade social. Na outra ponta, a chance de uma pequena obra tocada por um construtor (uma reforma, a construção de casas de campo ou mesmo na cidade) ser fiscalizada pelo sindicato ou pela DRT, mesmo que tenha sido denunciada, é de 0%, ou muito próximo disso. A fiscalização potencial, pois, é função direta do tamanho da obra, das empresas nela envolvidas e do fato de haver ou não uma denúncia. A questão central, então, torna-se saber qual a chance real de que um direito burlado seja denunciado.

Tudo indica que essa chance não está aleatoriamente distribuída na população empregada. Alguns trabalhadores são mais propensos que outros a denunciar.

A denúncia é uma função direta do conhecimento dos direitos e inversa do receio de que ela possa resultar na perda do emprego, ponderada pelo custo do desemprego para o trabalhador individual. Em situações de alto desemprego, mesmo um receio pequeno pode ser suficiente para não levar à denúncia, por mais que os trabalhadores conheçam seus direitos. A confiança de que a denúncia terá garantia de anonimato (caso do telefone específico para isso no sindicato, o disque-denúncia) pode não ser suficiente para suplantar o receio de perda de emprego em situações de fragilidade de mercado. Vejamos cada um desses elementos da equação da denúncia.

Um dirigente do sindicato de trabalhadores foi enfático ao afirmar que:

> Nosso trabalhador, hoje, está muito mais consciente, muito mais senhor de seus direitos. Ninguém aceita ser explorado mais hoje em dia. Não tem mais aquela história do bóia-fria que vinha do Norte e não tinha onde morar, então morava na obra, hoje numa obra amanhã em outra, o cara sem cultura, sem saber dos direitos, agradecido por estar tendo um teto para morar. Isso acabou. Nosso trabalhador hoje mora na cidade, tem sua casa, seus filhos, é outra coisa. Sabe o que é um direito do trabalho e luta por ele.

Esta fala contrasta com a de um trabalhador, já transcrita, em que o despotismo de mercado aparece em toda a sua dimensão trágica. Mesmo ciente de seus direitos, se o desemprego está alto e o emprego difícil, o trabalhador "precisa" aceitar condições de trabalho que de outro modo não aceitaria, ou não teria o que oferecer à sua família.

Além disso, alguns fatos objetivos conspiram contra o otimismo do sindicalista quanto à efetividade das denúncias. Primeiro, o sindicato disse receber entre 80 e 100 denúncias por mês. Se o mesmo dirigente assegura que não existe obra totalmente legal na cidade "ou em qualquer lugar do Brasil", e supondo (suposição nem sempre sustentável) que cada denúncia se refira a uma obra diferente, então a taxa mensal de denúncias varia entre 0,92% e 1,1% dos 8.700 canteiros de obras existentes. Como nem todas as denúncias são investigadas, e como deve haver um número significativo de denúncias sobre um mesmo canteiro, então a taxa efetiva deve ser bem menor do que essa. Em segundo lugar, é sintomático que apenas um terço da força de trabalho empregada tenha carteira de trabalho assinada. Se projetarmos as proporções da distribuição dos trabalhadores segundo a posição na ocupação de 2000 no emprego formal existente em 2002 na cidade do Rio de Janeiro (dados da Rais apresentados na tabela 20), temos que o emprego total nesse último ano deve ter se aproximado de 171 mil postos de trabalho. Desses, apenas perto de 31% eram empregos registrados. O sindicato e a DRT não tinham conseguido legalizar a situação de 70% da força de trabalho ocupada no setor. Por fim, já tivemos oportunidade de mostrar que, ao ritmo das fiscalizações de 2003, seriam necessários 25 anos para registrar todos os trabalhadores assalariados sem carteira então ocupados na construção civil da cidade do Rio de Janeiro.

Tudo indica que a atividade cotidiana de ambos os sindicatos, de patrões e de empregados, que atuam em parceria, dá a impressão equivocada de que sua atuação é efetiva (atinge um número expressivo de trabalhadores). Cem denúncias por mês processadas por oito equipes resultam em pouco mais de três denúncias por dia que, caso se desdobrem em procedimentos administrativos, visitas técnicas, conversas com trabalhadores etc., têm mesmo o potencial para consumir as energias dessas equipes. Mas a eficácia e a efetividade da ação, mesmo que essa seja eficiente quando ocorre, são duvidosas. E isso decorre, de um lado, do pequeno número de denúncias e, de outro, do fato de que o sindicato, por acordo com o sindicato patronal, não visita uma obra de surpresa. Age apenas a partir das denúncias que recebe. Nessas condições, pode-se dizer que as chances médias de uma empresa ser fiscalizada são bastante baixas na cidade do Rio de Janeiro, porque a chance de que um trabalhador a denuncie é também muito baixa. Essas chances variam na razão direta do tamanho das empresas, mas é também mais provável que empresas grandes tenham interesse próprio em seguir a legislação trabalhista e de segurança no trabalho. Logo, as empresas mais facilmente alcançáveis são, também, aquelas que menos precisariam ser fiscalizadas.

Execução, ou sobre as chances de ser punido

O potencial conflito coletivo trabalhista resultante de desobediências às normas conhece três possíveis encaminhamentos no âmbito administrativo:

1. a própria fiscalização resulta na adequação das empresas às normas;
2. a recalcitrância abre um processo de negociação no sindicato ou na DRT, ou em ambos;
3. a ausência de acordo leva os contendores à Justiça do Trabalho.

A presença do delegado regional do trabalho ou de outro profissional da DRT facilita a primeira solução, mas, como todos não se cansaram de afirmar, a DRT tem poucos profissionais, não pode atender a todos os chamados da construção civil. Logo, as opções 2 e 3 estão quase sempre no horizonte de cada fiscalização.

Na verdade, segundo dirigentes dos sindicatos de patrões e empregados, o acordo é o objetivo sempre visado, e ele ocorre, em geral, nas MEs, para o caso de fraudes na segurança do trabalho, ou na CCP da Construção Civil (CCP-CC), um mecanismo que, como em outros casos, vem funcionando como a primeira instância real de solução de conflitos relativos à vigência ou (principalmente) à rescisão dos contratos.

No caso dos problemas de segurança e saúde no trabalho, as soluções ou são imediatas, no local de trabalho, ou nas MEs. A terceira opção é quase sempre ineficaz. Um dirigente sindical foi taxativo a respeito:

A Justiça do Trabalho e o Ministério Público do Trabalho são muito lentos. Uma obra leva de dois a seis meses, um prédio leva um ano, só condomínios grandes é que levam dois anos, três anos. Quando a Justiça decide agir, a obra já acabou, entendeu? Então, quando somos obrigados a levar para a Justiça, sabemos que não vai dar em nada. Quando a empresa chega a esse ponto de se recusar a atender às normas e pede para mandar para a Justiça, é porque ela não quer mesmo fazer. Não vai fazer. Então, ou a gente consegue que o delegado [regional do trabalho] lacre a obra, ou a gente não consegue nada.

Mas o mesmo dirigente afirma que, em geral, as empresas assumem os custos da regulação de segurança no trabalho. Como ele diz, "ninguém quer ficar com o nome sujo na praça, a pecha de que trabalha inseguro". Ademais, uma parte não-desprezível das empresas formalmente estabelecidas tem certificação ISO, cujos parâmetros incluem segurança no trabalho e *benchmarking* para acidentes. Já vimos que um diretor do sindicato patronal tem a mesma visão do problema. E o dirigente trabalhador completou:

Uma grande empresa que tem certificação não aceitará empreiteiras em sua obra que não sigam as normas.

O problema, obviamente, são as grandes empresas que não têm certificação, e as pequenas e médias empresas que o sindicato não chega a fiscalizar, porque trabalham na informalidade. De todo modo, sindicalistas de ambos os lados asseguram que, com a parceria que estabeleceram sobre esse e outros assuntos, a segurança no trabalho na construção civil do Rio de Janeiro melhorou muito nos últimos anos, a ponto de em 2004 ter-se registrado, até julho, apenas um acidente fatal.

Infelizmente, não foi possível ter acesso a dados consolidados sobre a evolução dos acidentes de trabalho na construção civil da cidade do Rio que permitissem comprovar as afirmações colhidas nas entrevistas.[145] O certo é que dados oficiais (que são sempre subestimados, tanto mais quanto mais informal for o setor econômico)[146] apontam para pouco mais de 1.700 acidentes de trabalho na construção civil no estado do Rio de Janeiro (de que a capital tem quase metade da população) em 2000, e o setor é o que mais contribui, historicamente, para as estatísticas de acidentes de trabalho em geral no estado, e também para a sub-representação das estatísticas. Aqui cabe uma diminuta digressão bibliográfica.

Embora não haja trabalhos de saúde pública sobre o tema no Rio de Janeiro, estudo importante feito na cidade de Botucatu, no interior de São Paulo, baseado em pesquisa domiciliar, mostrou que apenas 22% dos acidentes de trabalho efetivamente ocorridos foram captados pelos registros previdenciários, fonte oficial das estatísticas sobre acidentes (Binder e Cordeiro, 2003). A taxa deve ser maior para setores marcados pelo trabalho informal, como a construção civil. Na mesma direção, Conceição e outros (2003) mostraram que a taxa de captação de acidentes do trabalho das estatísticas oficiais sub-representam o universo em mais de 85% em Salvador, e que a maior taxa é também da construção civil. Por outro lado, outro estudo para a Região Metropolitana de Campinas, interior de São Paulo, mostrou que a construção civil apresentou a maior proporção de mortos entre acidentados (22% das mortes) na década de 1980 (Lucca e Mendes, 1993), ou seja, trata-se de setor com alto grau de mortalidade e que, ainda assim, tem seus registros fortemente sub-representados nas estatísticas oficiais, que são as manipuladas pelo sindicato para afirmar a queda na taxa de mortalidade.[147]

No caso dos direitos relativos à vigência do contrato de trabalho, e sobretudo das rescisões contratuais, detenho-me sobretudo na CCP, já que sua atuação tem impacto de monta sobre os custos de se cumprir ou não a legislação, principalmente aquela relativa às demissões. A atuação da Justiça do Trabalho não é diferente, aqui, de sua atuação em geral.

---

[145] Pesquisa bibliográfica realizada por Mendes (2003) levantando todas as teses e dissertações sobre saúde e trabalho no Brasil desde 1950 encontrou apenas uma dissertação de mestrado sobre construção civil no Rio de Janeiro, ainda assim para o ano de 1987. O tema não é estudado pela academia brasileira, apesar de a construção civil apresentar o maior índice de acidentes de trabalho do país desde sempre.

[146] Wunsch Filho (1999) argumenta que a reestruturação produtiva vem contribuindo para a queda do número de acidentes de trabalho na indústria brasileira. Cremos, porém, que a causa mais importante é a maior informalização das relações de trabalho, que reduz o número de trabalhadores cobertos pela previdência e, com isso, a informação oficial sobre acidentes efetivamente ocorridos.

[147] Seja como for, essa constatação demonstra a urgente necessidade de estudos sobre acidentes do trabalho e mortalidade na construção civil do Rio de Janeiro que contribuam para a melhor avaliação dos agentes de fiscalização.

A CCP é composta por diretores dos sindicatos de patrões e empregados, assistidos por advogados de ambos os lados. Por lei, como já se disse, todas as queixas trabalhistas devem primeiro passar por uma dessas comissões antes de ser encaminhadas à Justiça do Trabalho. Logo, a CCP, como todas as outras, foi convertida em uma espécie de tribunal do trabalho sem um juiz para presidi-lo e julgar as causas. Transcrevemos um trecho de entrevista de um dirigente sindical que participa da CCP, instrutivo em muitos sentidos:

> Temos nossa CCP, onde discutimos essas questões também, como FGTS. Porque às vezes a empresa quer pagar [as verbas rescisórias], só que não tem como. Então a gente instrui o trabalhador a fazer um acordo. Isso durante a demissão ou mesmo durante o contrato ainda em vigência. (...) Hoje as CCPs desafogaram a Justiça do Trabalho. A maioria das empresas que procuravam fazer esses acordos na Justiça hoje faz na CCP. Nós implantamos uma norma na CCP que nenhum trabalhador pode receber menos de 60% do que ele tem direito. Não podem ser acordados menos de 60%. Norma criada pelo sindicato. Agora, se o trabalhador quer fazer uma rescisão de contrato, ele vai assumir o risco daquilo ali. Ele que sabe de sua necessidade, o dinheiro é dele. Se ele disser "não, não aceito menos", o que se pode fazer? Ele trabalhou por aquilo ali, o direito é dele, não é verdade? Então a gente mostra os caminhos legais para que ele entre na Justiça e receba aquilo dali. (...) Todo pequeno empreendedor tem o discurso padronizado de que a Justiça do Trabalho é paternalista. Ora, a Justiça do Trabalho às vezes sentencia o empregador a pagar em 12 vezes, a primeira parcela começando daqui a dois meses! Com um pai desse eu não preciso de inimigo! A nossa visão é deixar negociar para que não chegue até a Justiça, para que o trabalhador não chegue um elemento perdedor de seus direitos lá na frente. Por isso criaram-se a CCP e o princípio de que 60% é assegurado de imediato. (...) A gente chegou nesse número com um cálculo sobre o que o trabalhador ganha. Porque ele não pode receber indenização abaixo do salário que ele ganhava. O direito ou é aquilo ou é acima daquilo. A intenção é essa. (...) Na maioria das vezes fica nos 60%. Hoje está consolidado isso daí, nenhuma empresa dá menos que isso.

Alguns pontos devem ser ressaltados nessa fala. Primeiro, que os trabalhadores são "instruídos a fazer acordos", isto é, resolver a questão na CCP, e não na Justiça do Trabalho. É claro que se algum trabalhador ainda quiser fazê-lo, estará em seu direito, mas as palavras empregadas pelo sindicalista não deixam dúvidas de que essa é uma solução não desejada pelo sindicato. O trabalhador estaria por sua conta e risco se decidisse recorrer à Justiça. Em segundo lugar, está claro que empresas também têm preferido solucionar os conflitos relativos às indenizações rescisórias na CCP-CC, e não na Justiça do Trabalho. Essa preferência deve estar relacionada, obviamente, com a orientação do sindicato de que não pode haver acordo em que a indenização paga seja menor do que 60% do valor devido. O mais curioso é que o sindicalista apresenta esse valor como sendo "de interesse do trabalhador", que, de outro modo, receberia talvez menos na Justiça do Trabalho, ou talvez em condições que não lhe seriam vantajosas, como o mencionado parcelamento em 12 vezes. A Justiça do Trabalho é apresentada como um lugar onde o trabalhador "perde os direitos", ou os recebe em condições desvantajosas.

É evidente que isso representa um incentivo importante para que os empregadores "não" cumpram a legislação sobre demissão, pois sabem que sua pena será uma mesa de negociação em que agentes sem poder de execução de suas decisões aceitarão receber 60% do valor efetivamente devido. No caso de grandes empresas com um número expressivo de pessoas empregadas, esse valor pode representar uma economia substancial. Um exemplo bastará. Suponha que uma das empresas com 500 empregados existentes em 2002 demitisse todos eles ao final de uma obra que tenha durado um ano. Se o salário médio pago fosse de R$ 200, o FGTS médio depositado ao longo do ano para cada trabalhador (incluindo os 2% devidos ao Estado e o décimo terceiro salário) seria de R$ 260, e a multa rescisória, de R$ 130. O décimo terceiro deveria ser pago integralmente após um ano, ou seja, outros R$ 200, o aviso prévio somaria mais R$ 200. O terço de férias acresceria R$ 66,66. No total, a indenização rescisória por trabalhador chegaria a R$ 856,66, ou a R$ 428.330 para os 500 trabalhadores demitidos. Um acordo no sindicato reduziria esse valor a R$ 256.998, uma economia de mais de R$ 171 mil. Não surpreende que as empresas prefiram o acordo no sindicato às incertezas da Justiça do Trabalho.

O fato de o sindicato ter optado pelo acordo em lugar de penalizar as empresas que agem ilegalmente tem outras conseqüências para o custo de não cumprir a lei. Não há incentivos ou injunções externas para que as empresas formalizem o contrato de seus trabalhadores. Se os há, provêm de fontes internas: a empresa principal que, por determinação de sua qualificação ISO ou outra qualquer, obriga as parceiras a agir conforme a lei. Ora, no caso do reconhecimento do contrato de trabalho, isto é, de seu registro em carteira, o que o sindicato entende por acordo? Já transcrevemos uma fala a esse respeito, mas há outras. Um diretor de fiscalização disse que:

> Nosso interesse é ter o maior número de trabalhadores registrados possível. Não temos interesse em punir a empresa. Então, se o resultado de uma fiscalização

for o registro daqueles trabalhadores, todos saímos ganhando. Não tem por que punir a empresa por isso. Eu quero é que ela continue trabalhando e prosperando e gerando emprego de qualidade para nosso trabalhador.

Por outras palavras, a fiscalização não visa a punição ou a penalização do infrator. A fiscalização é uma "visita orientativa", e o sindicato dá-se por satisfeito se seu resultado for o reconhecimento do vínculo de trabalhadores ilegais. Ora, isso não apenas anula por completo o custo de não se cumprir esse item de legislação, como ainda cria um incentivo real para que se não o cumpra. A empresa pode adiar indefinidamente o reconhecimento do vínculo, mesmo correndo o risco de ser apanhada, porque o resultado será, no máximo, ver-se por fim obrigada a cumprir a lei, sem qualquer pena adicional. Um empresário racional que não seja movido por noções mais ou menos claras de justiça preferirá esse resultado a qualquer outro.

É claro que o trabalhador pode "correr o risco", ele também, e levar sua demanda à Justiça do Trabalho. Embora essa não seja uma alternativa preferida pelo sindicato, "é direito dele", trabalhador. E na Justiça do Trabalho, como já vimos antes, as soluções são quase sempre um incentivo para que não se cumpra a legislação.

Conclusão

Este breve estudo de caso põe em evidência os principais problemas, limites e desafios das instituições de regulação do mercado de trabalho no Brasil. Se um empresário considerar altos demais os custos de uma contratação formal, existe uma infinidade de maneiras de elidi-los, algumas legais, outras ilegais. A principal forma legal de fazê-lo é transferindo os custos a outros agentes por meio da terceirização, ou da subcontratação de serviços. Os terceiros também vão procurar escapar desses custos, transferindo-os a outros e assim sucessivamente até o limite da ilegalidade, quando trabalhadores são tratados como empreiteiros ou cooperativados, sem direitos trabalhistas. A principal forma ilegal de fazê-lo é, pura e simplesmente, não assinar a carteira de trabalho das pessoas.

Em mercados muito competitivos e intensivos em força de trabalho, como é o caso da construção civil, a competição entre empresas terceiras para tomar parte nos condomínios e entre os trabalhadores para serem contratados por essas terceiras, num ambiente de altas taxas de desemprego, pressiona não apenas os salários reais para baixo, mas também os direitos do trabalho, que são encarados por todos como um mero aspecto da planilha de custos de produção, a ser ou não observado segundo a conveniência da hora. Visto por essa perspectiva, o cenário é bastante hostil à vigência do direito do trabalho, já que os incentivos econômicos em presença têm, todos, sinal contrário. Isso confere às instituições de representação de interesses e de inspeção do trabalho um papel crucial na delimitação da possibilidade mesma da vigência da legislação no cotidiano das relações de trabalho. O que o caso da construção civil revela, de maneira cristalina, é que, mesmo quando bem intencionadas, atuando em parceria e segundo parâmetros definidos pela própria legislação, essas instituições têm capacidade muito limitada de sancionar o comportamento ilegal se um empresário estiver mesmo decidido a não incorrer nos custos de uma relação formal de trabalho. Revela, ademais, que essa possibilidade é tanto maior quanto menor for a empresa.

Todo o sistema gera incentivos para que as empresas grandes sejam preferencialmente fiscalizadas, mas tudo indica que essas empresas são as que menos necessitam de fiscalização. Isso porque, quanto maior a empresa, maiores as chances de que cumpra a lei, seja para ter acesso a créditos públicos, seja para participar de concorrências públicas ou seja, ainda, para garantir certificação de qualidade. O problema maior não está aí, mas sim nas pequenas e médias empresas. Aqui, o trabalho dos sindicatos e da inspeção do trabalho pode ser comparado ao de Sísifo. No mesmo momento em que um vínculo empregatício é formalizado pela ação fiscal, dezenas de outros estão sendo constituídos à sombra da lei, repondo constantemente a tarefa dos inspetores e fiscais nos mesmos termos de antes. Isso, como veremos em seguida, decorre, entre outras coisas, de uma mudança importante nas relações de trabalho no Brasil nos anos 1990, que resultou na elevação do direito do trabalho à categoria de vilão da competitividade. De proteção do trabalhador, converteu-se em custo de produção e, como tal, algo a ser reduzido ou eliminado.

Conclusão

O Brasil é um caso de modelo legislado de relações de trabalho. A regulação produzida no Congresso Nacional ou pelo Executivo Federal responde por boa parte da ordenação do mercado de trabalho e também das relações institucionais de classe. Mesmo o corporativismo varguista teve seu formato geral definido em lei, e não em negociações livres entre entidades de capital e trabalho intermediadas pelo Estado, como no caso do neocorporativismo sueco ou alemão, por exemplo (Lembruch, 1984). O fato de os direitos trabalhistas serem legalmente garantidos nos leva a esperar, naturalmente, que parte da solução dos conflitos do cotidiano do trabalho seja dada regularmente pela Justiça. Não há nada de incomum nisso: porque o modelo é legislado, as relações de classe são, desde logo, "juridificadas".

O aumento do número de processos na Justiça do Trabalho brasileira reflete em parte o crescimento do mercado formal de trabalho, numa economia que se urbanizou e modernizou em ritmo acelerado a partir dos anos 1940. Mas novos titulares de direitos não têm, necessariamente, que fazê-los valer na Justiça, mesmo se o modelo é legislado. Movimento sindical forte pode obrigar os capitalistas à obediência à lei sem recurso judicial. O órgão fiscal do Estado (no caso, o Ministério do Trabalho) pode garantir a lei via inibição (preventiva e repressiva) à ilegalidade. Mas vimos que, no Brasil, o sistema de vigilância do trabalho tem atuação ampla e, por vezes, muito eficaz, porém restrita ao mercado formal de trabalho. Ele não está desenhado para encontrar e punir relações de trabalho informais, nem para reforçar a legislação nas pequenas empresas. E vimos que mesmo o movimento sindical mais bem organizado do país perdeu capacidade de assegurar direitos contratuais, sofrendo grande sangria de adeptos, fragmentando-se e obrigando-se, cada vez mais, à *concession bargaining*, em que direitos históricos foram cedidos em troca de garantias cada vez menos críveis de emprego.

A virtual explosão do acesso à Justiça depois da CF/88 sugere que o direito do trabalho se tornou peça de contestação por parte das empresas, as quais passaram a deslegitimar a ordem legal com maior intensidade. Segundo leitura corrente, isso teria enrijecido o mercado de trabalho, dificultando a reestruturação competitiva das empresas num momento de intensa abertura econômica. Parece-nos, contudo, mais adequado encarar o fenômeno como reflexo da luta pela distribuição dos custos do ajuste dos parques produtivo, de serviços e de distribuição de mercadorias. O enfraquecimento do poder sindical, fruto dessa reestruturação, e a eficácia duvidosa da ação fiscal do órgão responsável por isso transferiram parte substancial desses custos aos trabalhadores, reduzindo suas oportunidades de reprodução nos períodos de desemprego, o que os obrigou a pressionar o mercado de trabalho, com reflexos sobre os salários e sobre suas condições de vida.

Essa nova configuração das relações de classe no Brasil conferiu à Justiça do Trabalho um lugar central no desenho geral do sistema de relações de trabalho. Se essas relações sempre foram "juridificadas", a novidade é sua crescente judicialização: capital e trabalho ainda se defrontam por meio de mecanismos de representação coletiva, como sindicatos, comissões de empresa ou centrais sindicais, mas defrontam-se cada vez mais de forma individualizada pela mediação de advogados e juízes do trabalho, intérpretes do direito.

A Justiça do Trabalho acolhe perto de 1,7 milhão de processos por ano, numa economia formal que, no mesmo período, demite cerca de 12 milhões de trabalhadores. Ou seja, mais de 35% dos vínculos existentes são desfeitos anualmente, e outros tantos recriados, compondo altíssimas taxas anuais de rotatividade. Nesse ambiente, a taxa de recurso à Justiça pode ser estimada em algo em torno de 15% dos trabalhadores com potencial de demandar o sistema, já que, excetuando-se servidores públicos e empregados de estatais (que têm estabilidade, de fato ou de direito, no emprego), dificilmente um trabalhador empregado entra na Justiça contra seu patrão, com medo de perder o emprego.

A Justiça Trabalhista mostrou-se uma guardiã eficaz apenas em parte das demandas. Setenta por cento dos processos são ou conciliados, ou deferidos no todo ou em parte. A taxa de rejeição liminar não passa de 8% ao ano. Esses dados sugerem eficácia da Justiça do ponto de vista dos direitos do trabalhador. Contudo, quando apreciamos mais de perto os resultados do trâmite processual na cidade do Rio de Janeiro, descobrimos que apenas 50% dos processos deferidos tiveram resultado favorável ao trabalhador, no todo ou em parte. Isso ocorre porque, ainda que um processo seja julgado procedente, no todo ou em parte, a sentença, mesmo se favorável, pode não ser cumprida: a empresa pode ter falido, pode apresentar dificuldades financeiras no momento da execução, pode ter desaparecido etc. Ademais, o trâmite processual como um todo incentiva, nas conciliações, a que os trabalhadores abram mão de direitos. Isso termina por ser um incentivo à burla por parte dos empresários, que, nas conciliações, acabam pagando menos do que se tivessem cumprido a lei durante a vigência dos contratos de trabalho.

O sistema nacional de inspeção do trabalho, centralizado, enxuto, de gestão informatizada e relativamente transparente, serve de anteparo apenas relativo contra a burla de direitos do trabalho, sendo mais eficiente no que respeita a condições de trabalho e ao recolhimento do FGTS. Vimos, porém, que todo o sistema está desenhado para a investigação de empresas de maior porte, além de se restringir ao mercado formal de trabalho. Um empresário que desrespeite a lei terá tanto mais chances de ser apanhado quanto maior for sua empresa. Ainda assim ele poderá mobilizar uma infinidade de recursos judiciais para protelar o pagamento de multas ou a regularização de contratos de trabalho. De qualquer modo, e tendo em mente a evidente superestimação dos dados da inspeção do trabalho em âmbito nacional, pode-se dizer que o desenho e o desempenho do sistema atendem aos preceitos da OIT, sendo capazes, ainda que de forma limitada, dada a escassez de recursos, de identificar problemas e encaminhar sua solução, hoje de forma cada vez mais negociada via "mesas de entendimento". O caso da construção civil mostrou que, quando os sindicatos de trabalhadores atuam como agentes da denúncia, as chances de que o poder público atue com eficácia aumentam sensivelmente, mesmo que a ação sindical ocorra em parceria com as organizações empresariais, como é o caso do Rio de Janeiro. Como o sindicato age em resposta a denúncias dos trabalhadores (por norma da atual gestão, não há visitas de surpresa a canteiros de obras), a questão central passa a ser os custos da denúncia para o próprio trabalhador. Tudo sugere que as chances de que a denúncia ocorra não estão aleatoriamente distribuídas entre os trabalhadores da construção civil, sendo tanto maiores quanto mais precários os vínculos de trabalho. O medo do desemprego é outro elemento limitador da propensão a denunciar. Para cumprir integralmente seus objetivos, o sistema de inspeção do trabalho deveria receber investimentos que o habilitassem a operar de forma aleatória, visitando regularmente amostras representativas das empresas, de todos os tamanhos, em lugar de depender unicamente de denúncias dos trabalhadores ou de seus representantes.

O balanço global resultante da análise aqui empreendida não é de todo desalentador, tendo em vista dois objetivos centrais da regulação do mercado de trabalho, que são a proteção do empregado e a criação de condições adequadas para a acumulação capitalista. A balança pendeu para o segundo elemento da equação, claro, estando os trabalhadores, hoje, mais desprotegidos do que antes do início das reformas. O desemprego é maior e de mais longa duração, a taxa de informalidade cresceu ao longo de toda a década de 1990 e os empregos se tornaram mais precários, principalmente em razão do aprofundamento dos processos de subcontratação nas cadeias de valor. Em todos os sentidos é menor, hoje, a proporção de trabalhadores cobertos pela proteção trabalhista. Mas entre os que "sobreviveram" ao processo de reestruturação das empresas, isto é, dos 30 milhões de empregos formais existentes em 2003, 44,5% tinham três anos ou mais de duração, segundo a Rais. Um terço tinha cinco anos ou mais. Essas proporções eram praticamente as mesmas de 1997, quando o processo de reestruturação econômica encontrava-se no ápice, e um pouco inferiores àquelas de 1994.[148] Conquanto intensa e capaz de mudar a face da economia brasileira, a reestruturação não teve efeitos devastadores sobre a estrutura da distribuição da segurança no emprego, medida em termos do tempo de emprego dos trabalhadores formais.

Desse modo, é preciso colocar em perspectiva as pressões empresariais e governamentais por flexibilização da legislação trabalhista, que ocorreram num ambiente de profunda reestruturação econômica em que os parâmetros para os custos do trabalho foram grandemente rebaixados pela competição internacional, sobretudo da Ásia. Vimos que os custos de contratação e demissão são muito baixos no país, o que resulta em grande capacidade de resposta flexível da economia brasileira a choques econômicos. Mesmo com a legislação tendo mudado muito pouco (e onde mudou as empresas não aderiram às novas regras, como no caso dos contratos por tempo determinado da Lei nº 9.601/98), a reestruturação econômica foi intensa e já se consolidou. Nesse quadro as pressões por mudanças na lei trabalhista já não são tão intensas como nos anos 1990. Isso não quer dizer, obviamente, que estejamos no melhor dos mundos. Não estamos. A informalidade e o desemprego são o maior flagelo dos trabalhadores e atingem mais da metade da PEA. Mas a informalidade não pode ter sua causa atribuída à legislação trabalhista. O mercado de trabalho no Brasil é cada vez mais dual. A economia moderna não foi capaz de penetrar todas as relações econômicas, e isso por motivos históricos e estruturais já discutidos por Celso Furtado nos anos 1960. Mesmo que todo o sistema fosse mudado, digamos, de um modelo legislado (hetero-regulação) para um convencional (auto-regulação), dessa maneira "desjudicializando" as relações de trabalho, ainda assim boa parte da população trabalhadora estaria fora da contratação coletiva, porque vinculada a formas de aquisição de meios de vida que não podem ser classificadas como assalariadas.

É claro que o sistema de regulação do trabalho no Brasil apresenta muitos problemas de desenho e implementação, fruto de mais de 70 anos de constitucionalização do direito do trabalho e de dinâmicas institucionais consolidadas e

---

[148] Neste ano, 48,7% dos trabalhadores estavam há três anos ou mais no emprego, e 36,3%, há cinco anos ou mais.

reproduzidas ao longo da história. Reformas institucionais nunca ocorrem no vazio, e são tanto mais difíceis quanto mais coloquem em jogo interesses investidos de atores com poder de influir no rumo das mudanças. Todos tentarão manter, no cenário reformado, tanto ou mais posições de poder do que aquelas que controlavam no início do processo. Difícil convencer atores centrais dos processos de reforma de que, para o aperfeiçoamento do sistema, eles deverão abrir mão de parte dos ativos que garantem suas condições atuais de existência e poder. Essa é a principal razão pela qual mudanças importantes no sistema dificilmente emanam dos próprios atores envolvidos.

O caso da estrutura sindical é um exemplo contundente disso. Quando o Novo Sindicalismo ganhou as ruas nos anos 1980, propugnando por um sindicalismo livre das amarras do Estado, balizado pelos preceitos da Convenção nº 87 da OIT, ninguém imaginaria que, 20 anos mais tarde, parte dele estaria encastelada nas entidades tradicionais, recolhendo o imposto sindical e declarando-se contrária às reformas sugeridas pelo Fórum Nacional do Trabalho, que, se implementadas, implicariam a introdução de medidas de liberdade sindical longamente reivindicadas pela própria CUT ao longo de sua história. A Justiça do Trabalho também resiste fortemente a mudanças em seus ritos e procedimentos. Com estrutura nacional, varas e tribunais regionais do trabalho implantados em praticamente todos os estados da Federação, envolvendo mais de 2 mil juízes e milhares de advogados do trabalho, o Judiciário Trabalhista é uma estrutura com poder de pressão inconteste, que sofre muito pouca ingerência de outros poderes. Ainda assim, vem trabalhando para tornar mais céleres e eficazes os processos, e é patente que a Justiça do Trabalho vem operando, hoje, como a instância mais importante de defesa dos direitos do trabalho, em razão do enfraquecimento do poder sindical e dos limites da inspeção do trabalho. Citamos o papel do Ministério Público do Trabalho, renovado a partir de 1988 e que, ora em parceria com a administração (fiscalização), ora com a jurisdição (manejando ações coletivas), tem sido importante no sentido de dar efetividade à legislação. Mas a crise do sindicalismo, que foi capaz de ampliar os direitos coletivos via mobilização social nos anos 1980, deixou claro quão frágil e insuficiente é a proteção da legislação. Por mais eficaz que possa ser a ação institucional (o chamado ativismo judicial), a flexibilidade, o desemprego, a terceirização, a informalidade e a precariedade de boa parte dos vínculos de trabalho continuam marcando profundamente o funcionamento do mercado de trabalho no país.

Uma nota sobre a Emenda Constitucional nº 45

Até bem pouco tempo atrás, a idéia de "reformismo" estava associada a um lado bem delimitado do espectro político e ideológico, aquele das pessoas e grupos que queriam construir o socialismo sem fazer a revolução social. Para a esquerda revolucionária, o pior que se podia pensar de alguém era que fosse "reformista". Reformismo era sinônimo de covardia, capitulação diante do *status quo*, isto é, as instituições da democracia burguesa que a ditadura do proletariado destruiria.

Hoje sabemos que, demonizada por parte da esquerda comunista, a agenda do reformismo socialista era francamente revolucionária no mundo laissefairiano do início do século XX, por demandar o fortalecimento do Estado como mecanismo redistributivo num momento em que filósofos e economistas liberais (de Spencer a Hyeck) pregavam o Estado mínimo e o equilíbrio espontâneo de mercado como receitas para a felicidade humana. O reformismo era uma agenda de proteção social, de construção de uma teia de salvaguardas legais e institucionais (garantidas pelo Estado) que assegurasse às populações que viviam de seu trabalho o acesso às benesses da civilização capitalista, então em franca exuberância econômica e cultural. O Estado de bem-estar é fruto dessa agenda, tendo sido implantado em boa parte dos países do capitalismo avançado (sobretudo na Europa) ao longo do século passado e sofrendo, como se sabe, grandes pressões por mudanças a partir de meados da década de 1970, quando a inflação, o desemprego continuado e a perda de lucratividade das empresas foram lidos como resultando diretamente da regulação estatal sobre a economia. Desde então a agenda das reformas foi apropriada por agentes do outro lado do espectro ideológico, os arautos do Estado mínimo e do equilíbrio espontâneo de mercado. O termo "reforma do Estado" deixou de denotar proteção social para indicar desestatização, ou despolitização da economia e das relações sociais.

É curioso, nesse contexto, que a CF/88 tenha assumido a feição que conhecemos, tendo incorporado em seus títulos, artigos e incisos a legislação de proteção social dispersa em vários códigos legais, entre eles a CLT. A "Constituição Cidadã", como a queria Ulisses Guimarães, foi uma constituição reformista à moda antiga, sendo o mais perto que chegamos de um Estado de bem-estar social digno do nome, ainda que muitos dos instrumentos ali expressos jamais tenham penetrado as relações sociais propriamente ditas, seja por falta de regulamentação, seja por falta de adesão dos destinatários, seja por falência do aparelho estatal de prestação de serviços sociais. O que importa, porém, é que os constituintes pensavam que estavam inaugurando um novo ciclo no país, no qual o resgate da dívida social e a consolidação da democracia passariam a nuclear as ações do Estado e da nação. Essa percepção durou pouco. Na década de 1990 o debate público brasileiro sucumbiu aos novos significados do reformismo, e a reforma do Estado entrou em pauta com seu sentido atual, denotando Estado mínimo e mercado auto-regulado.

Conclusão | 169

Esse breve preâmbulo cumpre o propósito de chamar a atenção para o significado mais profundo das mudanças em curso em nosso arranjo constitucional, boa parte das vezes voltadas para a desconstrução do que os constituintes de 1988 colocaram de pé. Nossa reforma do Estado conta, hoje (janeiro de 2006), com 48 emendas constitucionais, das quais quatro foram editadas antes de 1994 e 19 (ou 40% do total) entre 1998 e 2002, ou seja, no segundo mandado de Fernando Henrique Cardoso. A reforma começou pelo Poder Executivo,[149] chegou ao Poder Judiciário com a Emenda Constitucional nº 45 (após 12 anos de tramitação de proposta de emenda) e pode em algum momento avançar ao Poder Legislativo, principal alvo da reforma política.

No âmbito das mudanças constitucionais recentes, em boa parte voltadas para a desregulamentação das relações econômicas e sociais (como vimos no caso da flexibilização do direito do trabalho) a EC nº 45 é um ponto de inflexão, tanto no aspecto macro, uma vez que cria instituição de poder (o Conselho Nacional de Justiça, órgão de controle "externo" do Poder Judiciário, que aparece pela primeira vez na ordem constitucional brasileira, além de mexer na tradicional distribuição de competências do Poder Judiciário), quanto no aspecto micro das relações sociais, uma vez que suas inovações atingem as relações de produção e, aproximando mais o foco, as relações de trabalho.

É este último aspecto que nos interessa tratar aqui, ou seja, os dispositivos da EC nº 45 que tratam da Justiça do Trabalho. Isso porque o caráter de justiça especial da Justiça do Trabalho — o que quer dizer que afasta a Justiça comum, quando em concorrência com ela — e que se consubstancia em organização judiciária própria, processo próprio, princípios próprios, resta abalado nos termos dessa emenda que estende a competência da Justiça do Trabalho para a "relação de trabalho" e não mais a restringe à relação de emprego. É uma mudança substancial e que se reflete em diversos âmbitos da vida nacional, embora, aqui, nos restrinjamos ao mundo do trabalho.

Como já dissemos, a CF/88 recepcionou o sistema institucional de proteção ao trabalho herdado de Vargas: tanto o direito individual quanto o coletivo alçaram à sede constitucional tal e qual se encontravam na CLT. Da mesma forma foi mantida a estrutura do MTE como órgão de regulação e fiscalização e do Ministério Público do Trabalho,[150] cuja atuação, a partir de então, torna-se variável de

---

[149] A reforma administrativa compreende a privatização dos serviços públicos, a quebra do princípio do regime jurídico único, a opção pela terceirização na administração, embora tenha ganho mais destaque na reforma da previdência pública.
[150] De fato o Ministério Público do Trabalho foi investido pela CF/88 em instituição permanente, responsável pela defesa do Estado democrático e dos interesses sociais e individuais indisponíveis.

importância na análise do custo de cumprir ou não a legislação do trabalho. Marcamos também que, no texto original do art. 114 da CF/88, que fixa a competência da Justiça do Trabalho, a expressão "empregadores e trabalhadores" já podia ser vista como um aceno no sentido de alargamento da competência da Justiça do Trabalho. O mesmo artigo confirmava a preferência do constituinte pelas vias de autocomposição dos conflitos (colocando inclusive a arbitragem como alternativa à jurisdição e ao poder normativo). Em segundo lugar, lembramos que, a par de confirmar e até ampliar os direitos do trabalho, a CF/88 introduziu o princípio da flexibilização desses direitos, por via de negociação coletiva, o que permitiu a criação das leis flexibilizadoras analisadas no capítulo 1 deste livro.

Ora, diversas emendas constitucionais alteraram o desenho original na direção da restrição dos direitos antes reconhecidos, como a EC nº 24, que acabou com a representação classista na Justiça do Trabalho; a EC nº 19, que quebrou o princípio do regime jurídico único, estatutário, na administração pública, autorizando a contratação nos moldes da CLT; as ECs nºs 20 e 41, que trataram da reforma da previdência, além de outras modificações mais pontuais. A EC nº 45, ao mesmo tempo em que se insere nessa dinâmica de reformas, tem conseqüências diversas, pelos motivos que indicamos em seguida.

Partimos de alguns pressupostos:

- de que a forma "emprego" era a forma usual, hegemônica de apropriar mão-de-obra nos últimos 60 anos;
- que o direito do trabalho, aplicável a esse tipo de relação de trabalho, tinha claro propósito "civilizador", desenhado que foi para inibir exploração bruta da força de trabalho;
- que, para a efetividade do direito do trabalho, fazia-se necessária uma justiça especial, a Justiça do Trabalho, apta a tutelar os "direitos dos trabalhadores" (esvaziando a atuação "política" dos sindicatos);
- que o processo devia ser individual, ágil, informal para favorecer um pronto alívio das tensões, antes que se tornassem problema de classe;
- que a solução "conciliada" era preferível àquela ditada/imposta pelo juiz (o que inspirou o modelo de representação classista na Justiça do Trabalho);
- que, para a eventualidade de "ação coletiva", isto é, ação concertada dos trabalhadores, a instância de segundo grau da Justiça do Trabalho podia lançar mão de "poder normativo", ou seja, criação de regras emergenciais para a solução do impasse.

Sob este modelo, muitas questões relacionadas ao trabalho, residuais, insistimos, como os contratos de empreitada, a prestação eventual de serviços, as disputas entre sindicatos, ou entre sindicatos e empresas, as ações de acidente de trabalho, estavam entregues à Justiça comum (Justiça Estadual), onde se sobreleva o princípio da liberdade de contratar e se aplicam as normas gerais aplicáveis ao contrato. Estabelecia-se, assim, clara dicotomia entre contratos de trabalho regulados pelo Código Civil e cujas controvérsias deviam ser resolvidas na Justiça Estadual, e os contratos de trabalho subordinado, mais precisamente contratos de emprego, regidos pela CLT e a cargo — as controvérsias — da Justiça do Trabalho. A EC nº 45 rompe com esse esquema. De início, omite a função conciliadora da Justiça do Trabalho e alarga sua competência para a "relação de trabalho", *verbis*:

Constituição de 1988	Emenda Constitucional nº 45
Art. 114 — Compete à Justiça do Trabalho conciliar e julgar os dissídios individuais e coletivos entre trabalhadores e empregadores...	Art. 114 — Compete à Justiça do Trabalho, processar e julgar: I — as ações oriundas da relação de trabalho...

No §2º aparece outra ruptura com o modelo anterior: o polêmico "poder normativo", manejado nas situações de conflito coletivo, percebido como intromissão do Estado na negociação coletiva de trabalho, é virado pelo avesso, visto que só "de comum acordo" entre as partes poderá ser ajuizado "dissídio econômico", caso em que a Justiça do Trabalho decidirá o conflito, aplicando a "lei" e as "convenções coletivas" vigentes. Ou seja, de interventor na negociação coletiva, passa o Estado a árbitro, eleito de comum acordo entre as partes.

Essas modificações representam rupturas, no sentido de mudança de rumo historicamente consolidado. Porém outras mudanças (contidas nos incisos de II a VIII) representam mais confirmação de tendências já afirmadas na jurisprudência do que propriamente transformações. São elas: a competência da Justiça do Trabalho para ações de danos morais decorrentes da relação de trabalho, as ações envolvendo sindicatos e aquelas relativas à cobrança de multas aplicadas pela fiscalização do trabalho e cobrança das contribuições previdenciárias resultantes das sentenças proferidas em reclamações trabalhistas. Muitas dessas medidas vêm ao encontro dos problemas de desenho do sistema de proteção ao trabalho, e melhoram sua eficiência à medida que aumentam a organicidade dos sistemas, as probabilidades de levar a bom termo as sentenças condenatórias, inclusive em proveito da Fazenda Nacional, quando se trata das multas. Logo, em prejuízo dos empresários que apostam no baixo custo de não cumprir a lei, e, portanto, em proveito dos trabalhadores que vêem aumentar as chances de receber o que lhes é legalmente devido, sem o ônus das ações, reclamações e conciliações.

No entanto o que mais chama nossa atenção é o deslocamento para a seara trabalhista de todas as ações que envolvem relação de trabalho. Não são os aspectos técnicos, de natureza processual, sobretudo,[151] que nos ocupam, mas as questões substantivas: o juiz trabalhista, quando julgar uma relação de trabalho em que não aparece o elemento da subordinação, por tratar-se de trabalhador autônomo, deixar-se-á impressionar pela desigualdade de fato, econômica, entre trabalhador e seu contratante, ou cederá ao princípio *pacta sunt servanda* milenarmente inspirador do direito contratual? A resposta é crucial, porque dela depende a definição do ganhador da causa. É verdade que, mesmo no direito civil, a força do princípio formal, que manda aplicar o contrato, está esmaecida, até por princípios como da função social da propriedade e da função social do contrato, bem como por força de eventos como o Código de Defesa do Consumidor, que torna ineficazes cláusulas contratuais abusivas. Mas "esmaecida" não quer dizer "anulada", e haverá, sim, grande diferença de atitude entre um juiz civilista que trata, ordinariamente, de interesses privados, e tem por referência os princípios da autonomia da vontade e da liberdade contratual, e um outro, o juiz trabalhista, que se orienta pelo interesse público subsumido na relação entre empregadores e empregados, cujas cláusulas contratuais básicas são normas de ordem pública fixadas em lei. Será, por exemplo, que, numa prestação de serviço a um condomínio, o trabalhador que reclama um *plus* acima da diária usualmente praticada, com base no fato de que expôs sua saúde em atividades insalubres, terá seu pleito atendido contra alegação do condomínio de que não fora combinado preço diferenciado para aquele tipo de atividade? E a questão de sobrejornadas? Poderá o trabalhador pedir ao juiz condenação do contratante ao pagamento de "adicionais", alegando e fazendo prova de que trabalhou mais que 10 horas diárias para entregar a obra no prazo combinado, sob pressão do tomador de seus serviços? Enfim, a dependência econômica servirá de mote aos juízes trabalhistas, afeitos à dependência jurídica que aparece na relação de emprego no momento de decisão de caso sujeito a seu juízo, tão-somente por se enquadrar na ampla expressão "relação de trabalho"?

Outra indagação diz respeito ao desaparecimento do verbo "conciliar" no novo texto. Como vimos, a conciliação é o fecho, mais que desfecho, de aproximadamente metade das reclamações trabalhistas. A EC nº 24, quando acabou com a representação classista na Justiça do Trabalho, já indicava que algo não funcionava bem naquele modelo. Qual significado será dado pela jurisprudência à omissão da competência conciliatória do juiz do trabalho?

Todas essas indagações continuam em aberto, e precisamos esperar para ver como o sistema jurídico e a sociedade brasileira recepcionarão a EC nº 45, isto é,

---

[151] O que fazer com as ações em andamento na Justiça Estadual? Segue-se o processo trabalhista ou o processo civil? Qual a instância recursal? Quais os prazos prescricionais?

saber se a nova legislação irá "pegar". De qualquer modo, seu potencial de proteção das relações contratuais, hoje sob a esfera do direito civil, aproxima a EC nº 45 daquele velho sentido de reformismo segundo o qual cabe ao Estado tutelar as relações de subordinação a que os trabalhadores estão obrigados por não disporem dos instrumentos materiais de obtenção de meios de vida.

Referências bibliográficas

ARAÚJO, A. M. C.; GITAHY, L. Reestruturação produtiva e negociações coletivas entre os metalúrgicos paulistas. *Idéias*, v. 9, n. 2, v. 10, n. 1, p. 65-112, 2003.

ALMEIDA, M. H. Tavares de. *Estado e classes trabalhadoras no Brasil (1930-1945)*. 2 v. 1978. Tese (Doutorado em Ciência Política) — FFLCH-USP, São Paulo, 1978.

_____. O sindicalismo brasileiro entre a conservação e a mudança. In: ALMEIDA M. H. T.; SORJ, B. *Sociedade e política no Brasil pós-64*. São Paulo: Brasiliense, 1983.

AMADEO, E.; CAMARGO, J. M. Instituições e mercado de trabalho no Brasil. In: CAMARGO, J. M. (Org.). *Flexibilidade do mercado de trabalho no Brasil*. Rio de Janeiro: FGV, 1996. p. 47-94.

_____; GILL, I.; NERI, M. Brazil: the pressure points in labor legislation. *Ensaios Econômicos da EPGE*. Rio de Janeiro: FGV, n. 395, 2000.

BALTAR, P. E.; PRONI, M. W. Sobre o regime de trabalho no Brasil: rotatividade de mão-de-obra, emprego formal e estrutura salarial. In: OLIVEIRA, M. A.; MATTOSO, J. L. (Orgs.). *Crise e trabalho no Brasil*: modernidade ou volta ao passado. São Paulo: Scritta, 1996. p. 109-150.

BARROS, Ricardo P.; CORSEUIL, Carlos H. The impact of regulations on Brazilian labor market performance. Inter-American Development Bank, 2001. (Research Network Working Paper Series R-427).

_____; _____; GONZAGA, G. *Labor market regulations and the demand for labor in Brazil*. Rio de Janeiro: PUC, Depto. de Economia, 1999. (Texto para Discussão n. 398).

BEDÊ, MARCO A. (Coord.). *Sobrevivência e mortalidade das empresas paulistas de 1 a 5 anos*. São Paulo: Sebrae, 2004.

BELOT, M.; OURS, J. C. Unemployment and labor market institutions: an empirical analysis. *Journal of Japanese and International Economics*, n. 15, p. 403-418, 2001.

_____; _____. Does the recent success of some OECD countries in lowering their unemployment rates lie in the clever design of their labor market reforms? *Oxford Economic Papers*, n. 56, p. 621-642, 2004.

BENSUSÁN, G. Entre la estabilidad y el conflitcto: las relaciones laborales en la Volkswagen de México. In: ARTEAGA, Arnulfo (Org.). *Proceso de trajazo y reconversión en la industria automotriz en México*. México, DF: FES/UAM1, 1992.

_____. *El modelo mexicano de regulación laboral*. México, DF: UAM/Friederich Ebert/Flacso/PyV, 2000.

_____. *La inspección del trabajo en México*: diseño legal y desempeño real. In: LABOR INSPECTION AND LABOR MARKETS SEMINAR. *Proceedings...* MIT, 2005.

_____. Desenho legal e desempenho real: México. In: BENSUSÁN, G. (Coord). *Instituições trabalhistas na América Latina*: desenho legal e desempenho real. Rio de Janeiro: Revan, 2006. p. 285-366.

BERGQUIST, C. *Labor in Latin America*. Stanford: Stanford University Press, 1986.

BERRY, A.; MENDEZ, M. T. Policies to promote adequate employment in Latin America and the Caribbean (LAC). Genebra: OIT, 1999. (Employment and Training Paper, n. 46).

BERTOLA, G.; BOERI, T.; CAZES, S. Employment protection and labour market adjustment in OECD countries: evolving institutions and variable enforcement. Genebra: ILO, 1999. (Employment and Training Papers, n. 43).

BINDER, M. C. P.; CORDEIRO, R. Sub-registro de acidentes do trabalho em localidade do estado de São Paulo, 1997. *Revista de Saúde Pública*, v. 37, n. 4, p. 409-416, 2003.

BIZBERG, I. *Estado y sindicalismo en México*. México, DF: El Colegio de México, 1990.

_____. Las relaciones industriales en México: cambio y permanencia. In: DUMBOIS, R.; PRIES, L. (Eds.). *Las relaciones industriales en el proceso de transformación en América Latina*: el caso de México. Bremen: University of Bremen, 1998.

_____. Le syndicalisme mexicain face à la mondialisation et à la decomposition du régime politique. *La Revue de l'IRES*, Paris, n. 29, hiver 1998/99.

_____. Estado, organizaciones corporativas y democracia. In: AZIZ, Alberto (Org.). *México al inicio del siglo XXI*: democracia, ciudadanía y desarrollo. México, DF: Ciesas, 2003.

BOITO JR., A. *Sindicalismo de estado no Brasil*: uma análise crítica da estrutura sindical. São Paulo: Hucitec; Campinas: Unicamp, 1991.

BRANCO, D. *Que trabalhador sou eu?* Os trabalhadores terceirizados *off shore* do setor de manutenção da Bacia de Campos. 2002. Dissertação (Mestrado em Sociologia) — Iuperj, Rio de Janeiro, 2002.

BRASIL. Ministério do Tabalho e Emprego. *Inspección del trabajo en Brasil*. Brasília: MTE, 2004. ms.

CACCIAMALI, M. C. *Mercado de trabalho brasileiro*: um palco para a reprodução das desigualdades (temas para uma agenda de pesquisa). São Paulo: FEA/USP, 1996. ms.

CAMARGO, J. M. Flexibilidade e produtividade do mercado de trabalho brasileiro. In: CAMARGO, J. M. (Org.). *Flexibilidade do mercado de trabalho no Brasil*. Rio de Janeiro: FGV, 1996. p. 11-46.

CAMPOS, F. *O Estado Nacional*: sua estrutura, seu conteúdo ideológico. Rio de Janeiro: José Olympio, 1940.

CARDOSO, A. M. Globalização e relações industriais na indústria automobilística brasileira: um estudo de caso. *Avances de Investigación*, Puebla: El Colegio de Puebla, n. 2, 1995.

_____. *Sindicatos, trabalhadores e a coqueluche neoliberal*: a era Vargas acabou? Rio de Janeiro: FGV, 1999.

_____. *Trabalhar, verbo transitivo*: destinos profissionais dos deserdados da indústria automobilística. Rio de Janeiro: FGV, 2000.

_____. A filiação sindical no Brasil. *Dados*, v. 44, n. 1, p. 15-52, 2001.

_____. *A década neoliberal e a crise dos sindicatos no Brasil*. São Paulo: Boitempo, 2003.

CARDOSO, F. H. *Empresário industrial e desenvolvimento econômico no Brasil*. São Paulo: Difusão Européia do Livro, 1964.

CARDOSO JR., J. C. *Desestruturação do mercado de trabalho brasileiro e limites do seu sistema público de emprego*. In: CONGRESSO LATINO-AMERICANO DE SOCIOLOGIA DO TRABALHO, 3. Anais... 2000.

CARVALHO, R. Q. *Relações interfirmas, governança e desenvolvimento tecnológico na cadeia automotiva brasileira*. In: SEMINÁRIO A INDÚSTRIA AUTOMOBILÍSTICA NAS AMÉRICAS. Anais... Rio de Janeiro, 2001. ms.

CARVALHO NETO, A. M. *As negociações coletivas como expressão das relações de trabalho*: um estudo do caso brasileiro de 1992 a 1998. Dissertação (Doutorado) — UFMG, Belo Horizonte, 1999.

CASTEL, R. *As metamorfoses da questão social*: uma crônica do salário. Petrópolis: Vozes, 1998.

COLLIER, R. B.; COLLIER, D. *Shaping the political arena*. Princeton: Princeton University Press, 1994.

CONCEIÇÃO, P. S. A. et al. Occupational injuries treated in an emergency room. *Cad. Saúde Pública*, v. 19, n. 1, p. 111-117, 2003.

COOK, M. L. *The politics of labor law reform*. Comparative perspectives on the Mexican case. In: LASA INTERNATIONAL CONGRESS, *Proceedings*... Chicago, 1998.

CORDOVA, A. *La revolución y el Estado en México*. México, DF: Era, 1989.

COSTA, M. S. *Despotismo de mercado*: medo do desemprego e relações de trabalho em contexto de reestruturação produtiva brasileira dos anos 90. 2002. Tese (Doutorado) — Iuperj, Rio de Janeiro, 2002.

DAL ROSSO, S. *A jornada de trabalho na sociedade*. Brasília: UnB, 1997.

DE LA CUEVA, M. *Derecho mexicano del trabajo*. México, DF: Porrúa, 1960.

DE LA GARZA, E. Reconversión industrial y cambio en el patrón de relaciones laborales en México. In: ANGUIANO, Arturo (Org.). *La modernización de México*. México, DF: UAM, 1990.

_____. *Estrategia de modernización empresarial en México*: flexibilidad y control sobre el proceso de trabajo. México, DF: Fundación Friederich Ebert, 1998.

_____. La crisis de los modelos sindicales en México y sus opciones. In: _____; SALAS, C. (Eds.). *La situación del trabajo en México, 2003*. México, DF: Plaza y Valdez, 2003. p. 349-377.

DEAN, W. *A industrialização de São Paulo*. São Paulo: Difusão Européia do Livro/Edusp, 1971.

DIEESE. Encargos sociais no Brasil: conceito, magnitude e reflexos no emprego. *Pesquisa Dieese*, n. 12, ago. 1997a.

_____. *Impactos das recentes transformações no mundo trabalho sobre as contratações coletivas*. São Paulo: Dieese, 1997b.

DINIZ, Eli; BOSCHI, R. *Empresariado nacional e Estado no Brasil*. Rio de Janeiro: Forense Universitária, 1978.

DWORKIN, R. *O império do direito*. São Paulo: Martins Fontes, 1999.

EGGER, P. *El desempleo de los jóvenes en los países andinos (Colombia, Ecuador, Perú y Venezuela)*: situación y perspectivas. OIT: Equipo Técnico Países Andinos, Lima, Perú, 1999a.

_____. El mercado laboral en los países andinos: un compendio de datos sobre empleo y salarios. *Documento de Trabajo 121*. OIT: Equipo Técnico Países Andinos, Lima, Perú, 1999b.

ERICKSON, K.; PEPPE, P.; SPALDING, H. Research on working class and organized labor in Argentina, Brazil and Chile: what is left to be done? *Latin America Research Review*, v. 9, n. 2, p. 115-142, 1974.

ESPING-ANDERSEN, G. *The three worlds of welfare capitalism*. Cambridge: Polity Press, 1990.

FORTES, A. et al. *Na luta por direitos*: estudos recentes em história social do trabalho. Campinas: Unicamp, 1999.

FREEMAN, R. B. *Single peaked vs. diversified capitalism*: the relation between economic institutions and outcomes. Cambridge, Mass.: National Bureau of Economic Research, 2000. (NBR Working Paper, 7556).

_____. *Drowning in laws*. Labor law and Brazilian political culture. Chapel Hill: University of North Carolina Press, 2004.

FRENCH, J. *O ABC dos operários:* conflitos e alianças de classe em São Paulo, 1900-1950. São Paulo: Hucitec; São Caetano do Sul: Prefeitura de São Caetano do Sul, 1995.

GARCEZ, M. N. *Os trabalhadores no governo Lula.* Disponível em: <www.pt.org.br/assessor/max_trabalho.doc>. Acesso em: nov. 2005.

GITAHY, L. Reconfigurando as redes institucionais: relações interfirmas, trabalho e educação na indústria de linha branca. *Educação & Sociedade*, v. 18, n. 61, p. 228-253, 1997.

GOMES, A. C. *A invenção do trabalhismo*. Rio de Janeiro: Vértice, Iuperj, 1988.

GRAMSCI, A. *Cadernos do cárcere*. Rio de Janeiro: Civilização Brasileira, 2000. v. 3.

GUIMARÃES, N. A. *Caminhos cruzados*: estratégias de empresas e trajetórias de trabalhadores. São Paulo: Editora 34, 2004.

HABERMAS, J. *Between facts and norms.* Contributions to a discourse theory of law and democracy. Cambridge: The MIT Press, 1998.

HALPERÍN, T. *Argentina*: la democracia de masas. Buenos Aires: Paidós, 1983.

HECKMAN, J.; PAGÉS, Carmen. *The cost of job security regulation*: evidence from Latin American labor markets. Inter-American Development Bank, 2000. (Working Paper, n. 430).

IBGE. *Síntese de indicadores sociais 2001*: sindicatos. Rio de Janeiro: IBGE, 2002.

JEAMMAUD, A. *Le droit capitaliste du travail.* Grenoble: PUG, 1980.

KORPI, W. *The democratic classe struggle*. London: Routledge and Kegan Paul, 1983.

LEMBRUCH, G. Concertation and the structure of corporatist networks. In: GOLDTHORPE, J. (Ed.). *Order and conflict in contemporary capitalism*. Oxford: Clarendon Press, 1984.

LEMOS, A. H. C. *Qualificação profissional e desemprego*: a construção social do problema. 2003. Dissertação (Mestrado em Sociologia) — Iuperj, Rio de Janeiro, 2003.

LIMA, J. C. *As artimanhas da flexibilização*. São Paulo: Terceira Margem, 2002.

LOBO, V. M. *Os trabalhadores e a política social no Brasil*. 2005. Tese (Doutorado) — Iuperj, Rio de Janeiro, 2005. No prelo.

LUCCA, S. R.; MENDES, R. Epidemiologia dos acidentes do trabalho fatais em área metropolitana da Região Sudeste do Brasil, 1979-1989. *Rev. Saúde Pública*, v. 27, n. 3, p. 168-176, 1993.

LUHMANN, N. *Sociologia do direito*. Rio de Janeiro: Tempo Brasileiro, 1985. v. II.

MACEDO, E.; CHAHAD, J. P. Z. *O FGTS e a rotatividade*. São Paulo: Loyola, 1985.

MARQUES, G.; PAGÉS, C. *Ties that bind*: employment protection and labor market outcomes in Latin América. Inter-American Development Bank, 1998. ms.

MARX, R.; SALERNO, M. S.; ZILBOVICIUS, M. *The automobile industry in Brazil*: production strategies and best practices in supply chain management. In: EUROMA-POMS JOINT INTERNATIONAL CONFERENCE. *Proceedings...* 2003.

McGUIRE, J. *Peronism without Perón*. Stanford: Stanford University Press, 1997.

MENDES, R. Produção científica brasileira sobre saúde e trabalho, publicada na forma de dissertações de mestrado e teses de doutorado, 1950-2002. *Revista Brasileira de Medicina do Trabalho*. Disponível em: <www.anamt.org.br/downloads/revista02.zip>. Acesso em: 2003.

MORAES FILHO, E. *O sindicato único no Brasil*. Rio de Janeiro: A Noite, 1952.

NASCIMENTO, A. M. *Curso de direito do trabalho*. 13. ed. São Paulo: Saraiva, 1997.

_____. *Teoria geral do direito do trabalho*. São Paulo: LTr, 1998.

NEGRO, A. L. *Linhas de montagem*. O insdustrialismo nacional-desenvolvimentista e a sindicalização dos trabalhadores. São Paulo: Fapesp, Boitempo, 2004.

NORONHA, E. G. *As greves na transição brasileira*. 1992. Dissertação (Mestrado) — Universidade Estadual de Campinas, Campinas, 1992.

_____. Greves e estratégias sindicais no Brasil. In: OLIVEIRA, C. A.; SIQUEIRA NETO, J. F.; OLIVEIRA, M. A. (Orgs.). *O mundo do trabalho*: crise e mudança no final do século. Brasília/São Paulo/Campinas: MTb-Pnud/Cesit/Scritta, 1994, p. 323-358.

_____. *O modelo legislado de relações de trabalho e seus espaços normativos*. 1998. Tese (Doutorado em Ciência Política) — FFLCH-USP, São Paulo, 1998.

_____. *Entre a lei e a arbitrariedade*: mercados e relações de trabalho no Brasil. São Paulo: LTr, 2000.

NOVIK, M. *La negociación colectiva en el período 1991-1999*. Informe elaborado para el Ministério de Trabajo y Seguridad Social, 2003.

NUN, J. Superpoblación relativa, ejército industrial de reserva y masa marginal. *Revista Latinoamericana de Sociología*, n. 5, p. 178-235, 1969.

OFFE, C. *Contradictions of the welfare state*. London: Hutchinson, 1984.

OLIVEIRA, F. A economia brasileira: crítica da razão dualista. *Estudos Cebrap*, 1972.

OLIVEIRA, M. A. Tendências recentes das negociações coletivas no Brasil. In SANTANA, M. A.; RAMALHO, J. R. *Além da fábrica*: sindicatos, trabalhadores e a nova questão social. São Paulo: Boitempo, 2003. p. 271-298.

PALOMINO, H.; SENÉN, C. *La inspección del trabajo en Argentina*. In: LABOR INSPECTION AND LABOR MARKETS. *Proceedings*... MIT, 2005.

PAOLI, M. C. *Labour, law and the state in Brazil*: 1930-1950. 1988. Thesis (PhD in History) Birkbeck College, University of London, 1988.

PASTORE, J. *A agonia do emprego*. São Paulo: LTr, 1997.

_____. O FMI e o trabalho. *O Estado de S. Paulo*, 24 nov. 1998. p. B-2.

POLANYI, K. *The great transformation*: the political origins of our time. Boston: Beacon Press, 1944.

PRZEWORSKI, A. *Capitalismo e social democracia*. São Paulo: Companhia das Letras, 1989.

ROCK, D. Argentina, 1930-46. In: BETHELL, L. (Ed.). *The Cambridge history of Latin America*. New York: Cambridge University Press, 1991. v. 8, p. 3-71.

RODRIGUES, J. A. *Sindicatos e desenvolvimento*. São Paulo: Símbolo, 1977.

_____. A trajetória do novo sindicalismo. In: RODRIGUES, I. J. (Org.). *O novo sindicalismo, vinte anos depois*. Petrópolis: Vozes; São Paulo: Educ, Unitrabalho, 1999. p. 73-94.

RODRIGUES, L. M. *A crise do sindicalismo corporativo*. Rio de Janeiro: Ibase, 1992.

ROMITA, A. S. *Sindicalismo, economia, estado democrático (estudos)*. São Paulo: LTr, 1993.

ROXBOROUGH, I. The urban working class and labour movement in Latin America since 1930. In: BETHELL, L. (Ed.). *The Cambridge history of Latin America*. New York: Cambridge University Press, 1994. v. 6, part. 2, p. 307-378.

SANTANA, M. A. *Homens partidos*. Comunistas e sindicatos no Brasil. Rio de Janeiro: UniRio; São Paulo: Boitempo, 2001.

SCARPETTA, S. *Labour market reforms and unemployment*: lessons from the experience of the OECD countries. Inter-American Development Bank, Office of the Chief Economist, 1998. (Working Paper, 382).

SCHWARTZMAN, S. *As causas da pobreza*. Rio de Janeiro: FGV, 2004.

SEBRAE (SERVIÇO BRASILEIRO DE APOIO ÀS MICRO E PEQUENAS EMPRESAS). *Fatores condicionantes e taxa de mortalidade de empresas no Brasil*. Brasília: Sebrae, 2004.

SILVA, A. A. *Procedimento sumaríssimo na Justiça do Trabalho*. São Paulo: LTr, 2000.

SILVA, L. Mello e.; RIZEK, C. S. Algumas observações sobre a qualificação do trabalho no complexo químico paulista. In: CONGRESSO DA ALAS, 21. *Anais...* 1997. p. 57-8.

SILVA, M. R. *Inspeção do trabalho*. Procedimentos fiscais. Goiânia: AB, 2002.

SIQUEIRA NETO, J. F. *Direito do trabalho e democracia*. São Paulo: LTr, 1996.

SMTb. *O mercado de trabalho no Rio de Janeiro*: conjuntura e análise. Secretaria Municipal do Trabalho da Prefeitura do Rio de Janeiro, ano 4, n. 7, 2000.

SQUIRE, L.; SUTHIWART-NARUEPUT, S. The impact of labor market regulations. *The World Bank Economic Review*, v. 11, n. 1, p. 119-143, 1997.

SUPIOT, A. *Critique du droit du travail*. Paris: PUF, 1994.

_____. *Transformations du travail et devenir du droit du travail en Europe* (rapport final). Disponível em: <www.chez.com/transitions. Acesso em: set. 1999.

TAMAYO, Jaime. En el interinato de Adolfo de la Huerta y el gobierno de Álvaro Obregón. In: *La clase obrera en la historia de México*. México, DF: Siglo XXI, 1987.

TOCKMAN, V. E.; MARTINEZ, D. *La agenda laboral en la globalización*: eficiencia económica con progreso social. Lima: OIT, Oficina Regional para América Latina y el Caribe, 1999. (Documento de Trabajo, 49).

TORRE, J. C.; DE RIZ, L. Argentina since 1946. In: BETHELL, L. (Ed.). *The Cambridge history of Latin America*. New York: Cambridge University Press, 1991. v. 8, p. 73-193.

TUMA, F. *Participação dos trabalhadores nos lucros e resultados*: as empresas no cenário de flexibilização das relações de trabalho. Dissertação (Doutorado) — Unicamp, Campinas, 1999.

VIANNA, F. J. O. *Populações meridionais do Brasil*: historia — organização — psycologia. 2. ed. São Paulo: Monteiro Lobato, 1922.

_____. *Problemas de direito corporativo*. Rio de Janeiro: Livraria José Olympio Editora, 1938.

_____. *O idealismo da Constituição*. 2. ed. ampliada. São Paulo: Companhia Editora Nacional, 1939.

_____. *Direito do trabalho e democracia social*: o problema da incorporação do trabalhador no estado. Rio de Janeiro: José Olympio, 1951.

VIANNA, L. W. *Liberalismo e sindicato no Brasil*. 4. ed. revista. Belo Horizonte: UFMG, 1999.

_____ et al. *A judicialização da política e das relações sociais no Brasil*. Rio de Janeiro: Revan, 1999.

WUNSCH FILHO, V. Reestruturação produtiva e acidentes de trabalho no Brasil: estrutura e tendências. *Cadernos de Saúde Pública*, v. 15, n. 1, 1999.

Esta obra foi impressa pela
Armazém das Letras Gráfica e Editora Ltda. em papel
off set Extra Alvura Plus para a Editora FGV
em janeiro de 2007.